第二封信 · The Second Letter

地方早已在每個人身上

你認為的地方是什麼？是行政區域，是地景地標，還是都會以外的縣市才是地方？

如果曾看過經典國片《熱帶魚》，一定會對綁匪與主角父母約定要在「中正路的感情放一邊檳榔攤」交付贖金，最後卻一直等不到人，直到綁匪發現「台灣有很多中正路……全國『感情放一邊』的檳榔攤，光中正路就有好幾家啦！」的幽默劇情，留下深刻印象。

當中正路、感情放一邊檳榔攤，這樣明確的字眼都無法對準雙方的地方認知時，「地方」這個看似理所當然卻虛無的字詞，似乎有更多種詮釋的可能性，需要被釐清和定義。究竟，你意指的那個地方，是我認為的那個地方嗎？

在《地方：記憶、想像與認同》這本書中，作者從人文地理學的角度，為地方的定義理出清晰脈絡。其中，特別認同「地方也是一種觀看、認識和理解世界的方式」論點，總讓我聯想自己是從什麼地方來、帶著什麼樣的經驗看待這個世界，進而發覺，原來地方早已在每個人身上。

主編 董淨瑋

時刻 MOMENT

島嶼南端的氣息

in 屏東萬丹

孩子的爺爺奶奶住在島嶼南端，每年都會趁著長一點的假期，一路往南移動，待上好幾天。南方的家座落在田埂邊，夏季田裡多是休耕狀態，枯黃的乾草在陽光照耀下顯得亮澄澄，配上傍晚如同水彩渲染般的暮色，景色無敵。對孩子來說，每回的例行公事，則是散步到附近牛舍，拔一些路邊的牧草餵牛。才待沒兩天，他們已經切換成鄉下小孩模式。北返的那天，爺爺從後院採好幾顆碩大的酪梨，連同奶奶包的粽子一起讓我們帶回家。打開冰箱時，彷彿就能聞到南方的氣息。

盛琳
bibieveryday 主理人，在與小男孩和小女孩的日日生活中持續修煉著。

Evan lin
攝影師、策展人、兩個孩子的爸爸，穿梭在工作與生活中的多重身分。

場景 SCENES

海那邊的193

in 花蓮新城

2015年冬天，得知193縣道拓寬的消息，我想「這麼美的地方，如果消失了真是件遺憾的事。」於是邀請一群人一起記錄這裡的生活樣貌。

在4.5公里處有個小社區，因為密集拍攝，我認識一群在定置漁場工作的朋友。今年夏天我抓了相機決定熱血一下，直奔漁場。好久不見的老朋友——阿福叔與漁工們，正在滾燙的海灘上補漁網，我趕緊跑上前問候，順道點名確認這群人是否都還是認識的漁工朋友？阿福叔說：「都差不多啦！這個是曬得比印尼人還黑的台灣人，妳認識。旁邊這個包得比肉粽還多層的是越南朋友，妳也認識，他怕曬黑了，會被女朋友分手……」閒話家常後，我跑進防風林和狗兒維士比一起坐著休息。

拓寬的議題至今仍在，小徑的演變未知，但我知道這裡從來都不只是一條路，是很多生命的家。

林靜怡
2014年來到花蓮，展開充滿挑戰的生活，租了一處需要被好好整頓的空間，用雙手一點一滴打造成「大樹影像」工作室，帶著期許自己長成大樹的目標拍照，只要好好長大，就可以照顧身邊的人事物。

看見生活中的電影感

in 屏東滿州

2018年有幸擔任導演張作驥第九部電影的劇照師，我拿著相機從最初的美術搭景，一直待到最後的殺青，我仍記得導演說過的一句話「場景裡的生活感，就得有人真的在這過生活」，而我就是生活在場景裡的人之一。

經過時間的累積，我開始明白這句話裡的含義。美術先依靠著美學及工作經驗去佈置生活的雛形，而我們直接生活在電影其中，這裡還需要些什麼，到底順不順手，只要有人在這裡就會不斷的發現，最後才能造就一個有真實生活質感的電影場景。

這樣的觀念在心裡根深蒂固後，我開始看得到類似的畫面。這不是能刻意安排與包裝，也不是為了讓人來拍照，就只是從生活底蘊裡誕生出的建築空間。

在某一個36℃的艷陽下午，一如往常的開車經過縣道200的滿州段，無意間注意到這個老藥房——德安堂。先不說建築物本身就是個老宅，真正吸引我目光的卻是那填填補補的鐵皮建材，以及二樓陽台等著晒乾的生活衣物，這樣的建築環境多少體現了我腦子裡正在尋找的基本要素，而且它還是個仍在營運的中藥鋪。

雖然我只是個路過的陌生人，但在想像力的刻畫之下，我隱約能看見這裡的喜怒哀樂，可能是照顧家庭的那一面，可能有經營藥鋪的那一段，全來自於建築物上所累積的生活質感。這裡或許沒有百年歷史的加持，也不是華佗再世的名醫藥鋪，但在我眼裡無庸是個充滿故事性的日常建築——家。

我不禁開始思索，是電影走入生活，還是生活在電影裡。

邱家驊
躲在恆春十餘年的影像人，拿著釣竿就住海邊，不時也爬進山裡砍柴玩石頭。影是工作更是生活，快門之前是積累的日常感受，快門之後將消化成未知的養分，回饋給自己。

建築

BUILDIND

觀看 的 SIG

讓這世界多一個有趣的選擇

in 台北士林

人 PERSON

身邊許多朋友都是從一盞鑲嵌老玻璃燈開始認識博傑，我也不例外。

品牌名為「真真鑲嵌玻璃研究所」，每盞看似簡單的燈具，卻蘊含著傳統工法的細膩性與重新詮釋的創造力。多數皆為客訂，設定好燈的形式結構，再挑選適合的老玻璃，可能來自某棟老屋的窗戶，或是某個倉庫裡僅存的老舊年代進口品，有的清透溫潤，有的斑斕絢麗。「我喜歡製作玻璃時的清爽乾脆，」博傑邊說邊俐落地劃下一刀，「你不用想太多。」他輕輕一扳、玻璃啪地一聲順著切線優雅地斷裂成形。接著打磨、包覆銅箔、焊接，用時間淬鍊，極需耐心。

博傑有個老靈魂，熱愛一切具有時間感的事物。我跟著他來到以前曾是情報局宿舍的租屋處，得推開鐵網走過一片荒地，才能抵達。我驚嘆於屋內保留的舊有半圓形裝飾結構，搭配簡單俐落的擺設，頗有他作品新舊混搭的氣息。他總是步行到同樣位於士林的工作室，途中經過的廟宇、廢棄幼稚園、傳統市場，都是他創作養分的來源。

跟他的燈一樣，博傑難以被簡單定義。

復興美工畢業，因為繪畫難以承載所有想說的事，於是進入實踐建築，迷戀空間卻又不甘於此，於是再到北藝大就讀新媒體藝術，「我太喜歡創作了，新媒體藝術是未知的世界，任何材料都是創作語言。」我翻閱著他用Google關鍵字做成的紙本詩集，「快速的數位時代剝奪我們很多事情，所以我喜歡用身體性去回應。」

作品得到越來越多人肯定，那下一步呢？他眼神閃閃發亮地說，接下來的計畫是發表傳統工藝與聲響實驗結合的作品。我搖著頭笑了笑，還真是難以捉摸，「那你對自己的定位是什麼？」我決定直球對決，他搔了搔頭說「創作者吧……」，過了幾秒，他又說「我也不知道誒，但總之，我想做一些事情，讓這世界多一個有趣的選擇。」

邱承漢

高雄人，喜歡拍照也喜歡寫字，更喜歡真誠的人，育有一狗兩貓。2011年將外婆起家厝改建為叁捌地方生活，用幽默感及設計參與社區，過著返鄉但持續流浪的生活。

目

Contents

次

Feature 特輯

地方個性

Inside of Place 走進地方

Local Minds 在地心眼

悶騷、很慢、
海味、仕紳感、
故鄉、雨都、
音樂人

= P

PERSONALITY

地方個性

創造地域生活感的人與事

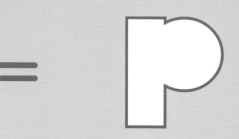

新化、花蓮市、恆春、新竹市、鹿港、富里、高雄市

P + P

PLACE PEOPLE

王玉萍、郭麗津、黃于倩、朱培綺、林東良、許明揚、張敬業

每個地方都有其特性，也許是先天的地理景觀、歷史發展，或因為產業、人口結構變化等社會演進所致，在多重因素相互影響及時間的助力下，形塑出各自獨有的輪廓和氣質。

有趣的是，若把地方比擬成人，會發現它自身散發的氣質，可以吸引頻率接近的人們來定居生活，並鼓動著人們抱著理念和行動，陪著地方探索、挖掘和再詮釋，迸發出更多可能的面相。是地方和人，一起造就了鮮明的地方個性！

什麼是地方

WHAT'S THE PLACE

即使是借來的，也能成為地方

文字—黃舒楣　插畫—Hui

地方（place），是日常用語，也是理論用詞。「這是什麼地方啊？」連不到3歲的小孩到了陌生的環境，都會這麼問。

「台灣是什麼樣的地方呢？」，與那原惠問母親里里，她的母親道：「那裡的街道好寬好大。有好多磚房子，路是那麼寬敞，連東京都比不上喔。氣候倒是很炎熱，不過有一種叫做蒲葵的椰子樹會沙沙搖晃，感覺很舒服呢。」（引述自《到美麗島：沖繩、台灣　我的家族物語》），少女轉述少女的回憶中充滿了公園長椅、照相館生日留影、女學校教室景象、海水浴場著泳裝、放送局麥克風前參觀留影……這其中有場景、家具物品（長椅、麥克風）、動作（著裝、參觀）等等，呈現了「地方」是由人處於特定場所的一連串行為、活動累積而成的「經驗感知」而構成，經驗成為記憶，記憶回頭持續修正、再定義經驗，反饋而成就「地方」。

即使沒學過人文地理學或現象學的人也都不難體會，我們幾乎一開口就先定位我們此時彼刻在哪裡，下一步要去哪裡，這句話同時是實質意義，也可做為隱喻。時時刻刻，人類需要存在於某地方，也因而有了現象學上討論「棲居」（dwelling）的哲學概念。

繼續借用與那原惠的問題，敏感的她端詳1930～1940年代之間的台灣老照片，提出了有點尖銳的問題：「這些照片中沒有台灣人。」是啊，她母親里里當時在台北兒玉町（今日南昌街、寧波西街、南門市場附近）住家度過了多愁善感的少女時期。她常聽里里說起外祖父開設南風原醫院的舊事，「鄰街木造兩層樓，三扇大窗面向街心，是一棟和洋混合式的可愛屋舍」（引述自《到美麗島：沖繩、台灣 我的家族物語》），這個問題指出了地方既然為人文實踐的積累，其夾縫幽微處必然藏有人類社會中的階級關係、族群關係。

當年舊台北城東門外的醫院官舍、東門市場，連結到的是後藤新平擔任總督府民政長官時期透過都市計畫來展現殖民者開發、經營台灣的決心。這一區多日本人居住，台灣人最愛去的熱鬧繁盛處不在此，要往北走到大稻埕一帶。這些移動出入會經過今日難得保存下來的北門，所謂「古蹟」，就像是在充滿流變的地方認識、建立認同感的固著書籤，某種程度錨定著不同時光的川流不息。

不同族群、性別、階級的人，行經同樣的地點，可能感覺是完全不同的地方。

甫開幕的國立台灣博物館鐵道部園區，過去是台灣總督府轄下的鐵道部，二戰之後一度是台灣鐵路管理局所在，我每每聽婆婆說起昔日她就讀鐵路小學的時光，就可充分感覺到時光的不同流向。

婆婆父親在鐵路管理局服務，她因而有了特殊的童年時光。她最津津樂道的記憶之一，

黃舒楣

美國華盛頓大學建成環境學院博士，現任台灣大學建築與城鄉研究所助理教授。相信市井中藏有最迷人的靈光知識，而知識的輪廓只能浮現於踏步移動，時常在記憶退潮後的沙灘練習撿拾貝殼的技藝。

關於那「地方」的人際互動
充滿了人事物地的
交織連綴，
在不同節日時
展現不同風光氣味。
MR PORTER
19

是父親的外省人同事非常多禮，住在鐵道部附近宿舍，總在春節前讓太太蒸好紅豆蒸糕，表達一年來的謝意。

她說起鐵道部不只是美麗優雅的紅磚建築，更多敘述是關於那「地方」的人際互動，充滿了人事物地的交織連綴，在不同節日時展現不同風光氣味。她也愛提她本地出生的父親於二戰前接受日本教育，曾說過：「『自轉車』這種漢字就要更改，都需要外省人同事幫忙校正公文呀。」這些家庭私人敘事多不會展示在博物館中，卻在她曾經的小女孩心裡累積著，構成她的街廓地方印象。

有關「地方」的另一個重要概念是「地方營造」（place-making），有助於我們把地方由人與環境互動的實踐、累積而動態構成，「做出來」的「地方」是超越界線清楚的特定領域的過程積累。「地方營造」是眾多主體移動軌跡所交會或擦肩而過，或駐留或暫時棲息，種種日常生活動作如舞姿，叢集如一齣獨特舞碼，可能暫時顯現有明晰的邊界和領域感。

然而在全球化和地方化的持續對話中，「地方營造」不一定內向保守，往往外向挑戰邊界，就像是與那原惠透過追溯家族女性歷史而走入記憶，在追溯過往中其實又啟動了新旅程，改寫了國境界的想像和城市經驗。

越是往地方深處探索，我們往往越容易發現我城中的他方、他者，而且他者也未必只有人，可能也是貓、狗、樹木花草，甚

越是往地方深處探索，我們往往越容易發現我城中的他方、他者。

至是香港島上來往東西向移動、百年以上的雙層有軌電車，俗稱「叮叮車」。它是港島居民至今仍喜愛非常的庶民交通工具，也是造訪遊客認識香港殖民歷史過往的窗口，每每踏進電車，便啟動雙重「地方」：搭乘電車的人們以每小時十公里的速度，難得緩慢地在港島街廓中移動；而電車本身由古董般的引擎機具、車廂家具、金屬物件、窗戶線腳、綠色塗裝集合而成，車廂本身就是濃縮百年記憶的「地方」，只是乘客未必在電車行駛至羅素街時，都能在銅鑼灣的華麗閃爍風景之餘想起舊日工運衝突，也未必能體會時代廣場如何可能在21世紀成為禁語。

即使不搭電車，電車作為交

「地方」往往由街道
構成如城市命脈，
街道上並不完全美好浪漫。

通工具和相關基礎設施的變動還是與市井生活相互形塑，也反映著城市權力幾何關係。前述港島電車路線走了四、五十年，才逐漸由當時殖民者階層英國人為主的市區，擴展到華人居住如北角之地。北角路線經過的春秧街市，尤其值得一提，至今電車從北角道右轉駛入狹窄的春秧街時，司機、車輛、購物人潮、攤販之間的互動默契都還構成都市看似平凡但最為有趣的韻律。

　街市交換的發生跟隨著移動軌跡和交通發展而起，交換的本身也是移動和交通的目標，而交換和移動實踐的積累，在特定地點構成了人們習以為常的「地方」。如此地方也近在眼前，在捷運淡水線的雙連站外有攤販的線狀分布，其實持續著過去市井擾攘，沿著淡水線開展的生活記憶。

沿著雙連市場散步，可見文昌宮周邊的人間氣味層次豐富，始自捷運上蓋綠地、兩側攤販、廟前供品羅列、寺廟前香煙裊裊，不到30公尺之間容納、並陳了豐富熱鬧的想望和協商，神人之間、攤商和買者之間、人和「自然」之間。每次走到那兒看到成排白蘿蔔，背後有多少考生和家長的殷殷期待，註記了我城好些青春成長壓力。

所謂「地方」是揉和了這些移動、感官經驗、協商記憶而成的空間——身體實踐。近來有工程可能會讓雙連市集的地方經驗斷裂，如果官員和專業廠商心中有「地方」，應該會再多些思考吧？

無論在台北或香港，我們能看見都市化前緣布滿全球的整個20世紀之後，「地方」往往由街道構成如城市命脈，街道上並不完全美好浪漫，有些個人愛怨嗔癡構連著歷史政治遺緒，既老舊又新鮮地讓人矛盾又難堪，也在這樣情緒中，才有生命掙扎存在的真實。借用幾句書寫街道的詩句來結束吧：

我這人／也是舊朝代的／借來的地方、借來的時間也已過時／我借著借來的地址／走在這路上我是借上借（所謂「借過」）（引述自《我香港，我街道》）。

即使是借來的，也可能成為地方。

閱讀地方・推薦書單

《地方：記憶、想像與認同》

作者／Tim Cresswell
譯者／王志弘、徐苔玲
出版社／群學出版

《到美麗島：沖繩、台灣我的家族物語》

作者／與那原惠
譯者／辛如意
出版社／聯經出版

《我香港，我街道》

編者／香港文學館
出版社／木馬文化

劉倩帆

畫圖的人。作品《潛水》、《躲貓貓》曾獲法國安古蘭漫畫節數位漫畫銀獎與入圍新秀獎;《Mirror》獲瑞士洛桑漫畫節新秀獎銀獎。1/2《波音漫畫誌》創辦人。持續創作著漫畫、插畫及手繪動畫。

到底什麼時候
才能找到滿意的
房子…
妳好，請進。
你好。

窗外能看見...
請把房子租給我吧!

嗯，就是這裡了。
2020
7
1995
7

PLACE
花蓮市
＋
PEOPLE
王玉萍 **林東良**
‖

成為地方的聲音
而非迴響

天際線、地名、行走速度、蟬響的頻率……「地方」是謎，每個回答者都有繽紛的解。有些人讀它用記憶，有些人則是用未來。地方是空間，也是時間，是生活在此的人用無數選擇交錯而成。在意識與無意識之間，地方的未來無法被打造，只能應許。

「如果你想造一艘船，要做的並不是召集人們開始工作，而是先讓他們渴望大海。」——《小王子》

文字—小海
攝影—李維尼

時光

CTS 5995

自然在這裡，無數時刻都發出巨大轟鳴。

「山海就是花蓮人的內建指南針！」出生花蓮，現任黑潮海洋文教基金會執行長的林東良，直到大學畢業前都未曾離鄉。但要說到土生土長，卻是在北上就讀研究所、再次回返時，才忽然意識到家鄉有股特殊風土。「西部城市到某種程度後就會長得很像，花蓮卻有一個自己的輪廓。」、「在這裡生活永遠不會迷路，因為抬頭看見山就知道方向；無論是花蓮哪裡，都有可以依循的山海座標。」

生活在大自然架構裡的城鎮

辦公室窗外的大海色澤，夏日湛藍冬季靛青，瞥一眼就知道季節更替；街邊小葉欖仁樹的抽芽與落葉，果子熟落在地上後迸出軟爛氣味，是每個學子的行道歲曆。當人們遠道而來，掀開有如大地珠寶盒的花蓮，這些光影和氣味遁入日常，就僅是居民們的和煦微光；人與自然，在這裡千百年來共棲共生。

「花蓮讓人生活在大自然的架構裡，而不只是人文與建設。」寫寫字編採學堂創辦人王玉萍初識花蓮時，是深入部落、探索文化而來。隨著每天參與、觀察，她發現在地從人到物、從精神到實體，諸多細節都與自然環環相扣。所謂的文化，是依序蘊藏在環境周遭的變動中。這些根植風土的人文顯然更真實，自然會重複，但往往有差異，文化發生其

被大自然包圍的花蓮，讓人和時光共同安在。

中便生猛無比。聚集著人的市區的確是城，有著樓房天際線，但在花蓮描繪起來，每一筆卻滿是自然自在。

「這幾年街頭出現的許多新穎小店，鄉村風或生活感，用植物與木作打造的空間，大概就是這類元素吧。是我們很日常的生活樣貌，卻被形塑成一種風格，或者該說是一種商機。」林東良好奇的觀看著這些似乎在模仿花蓮，但又不那麼花蓮的空間。「對我來說很驚奇，原來所謂的生活感是可以被打造出來。」

但究竟打造哪些元素便可建構出花蓮？「我感覺這種商機，比較像是一些想要選擇如同花蓮般緩慢的人們，來到這裡後不像城市裡有諸多收入選擇，於是創

1 黑潮立足花蓮，卻守望著全台灣的海。 **2** 王玉萍對在地的珍惜不只以出版發聲，也打造「小一點洋行」實體推廣。 **3** 從科學觀察、藝術創作到教育，黑潮這十幾年來，都努力著將海帶回陸地上。 **4** 男兒志在四方，林東良的四方就是家鄉。

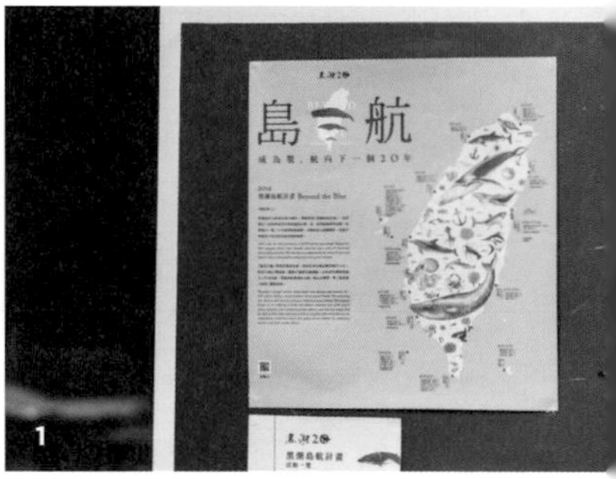

造一個不能賺很多錢、卻至少貼近生活的事業；這樣其實很花蓮。」王玉萍因為從台北嫁到花蓮，這些年看著一群又一群落地的移居者，甚至也觀察到許多返鄉青年踏入經營生活感的行列。「其實這是全球都嚮往的方向吧，不只是花蓮。當工作不再是人人欽羨投入的首選，生活變成重點，那麼很多人學習生活也就先從模仿開始。」

逐漸集結、清晰的聯繫

花蓮的自然風土為自己孕生如斯速度，釀成了人與人親近且信任的距離。即使每個時代都有物質環境的驟變，巷弄老屋被拔起、市區蓋大樓，卻始終改變不

4

了那股慢的氛圍。

「一個地方的演變，如果有群體隨著時間醞釀出脈絡，那即使天際線不再相同，多數人卻知道為什麼，也就不會訝異了。」王玉萍相信地方的認同軸線建構在人身上，人與人之間如果串連著，地方的一切就能被預期和接受。近幾年花蓮因為陸客觀光顯示眾聲喧嘩，許多變動都發生在毫無脈絡的瞬間；但地方仍有一些微弱且明亮的聲音，彼此聯繫著。

真正重要的東西，用眼睛是看不見的。「參與過潮生活的學員就算離開花蓮，到任何地方也都能認真用一種蛻變後的狀態，生活下去。」林東良任職的黑潮基金會成立22年，他們瞭望的花蓮透著紺色，始終做著「把人帶到海上，把海帶到陸地」的教育工作，2012年的「潮生活」就是將花蓮這個傍海城市做為培養皿，邀請人們躍身而入。「我相信為期較長的互動才能讓人與地方建立關係，促成理解上的改變。」長達兩個月，活動沒有設定目的，只有一項要求：就是人必須在這裡，站在花蓮的土地上。在此刻追求效益與速度的社會，這個活動無疑很「花蓮」。

「參與潮生活的花蓮本地人不多，但因此遇見黑友讓他們的生活開始大大不同。」黑潮的工作人員與志工被通稱為黑友，是群熱愛海洋、關心環境的行動派。「當他們看到擁抱理想的人，竟也能如此自信自在的生活著；或是發現自己熟悉的海是如此震撼且迷人，往往就能打開視野。」

在花蓮長大的孩子常常會有一種相對自卑感，因為從小到大，外界都教育孩子們都市才是典範。然而在潮生活中，花蓮就是主角，所有的課程都能讓人重新看見地方的價值，鼓勵人能在環境裡做出的改變。

林東良期待的是質變不是量變，即使民間普遍看待海洋的態度還是相當封閉。但他不覺得氣餒，因為黑潮的夥伴們一直在為花蓮喊出向海的聲音，而不只是扮演陸地的回聲。這幾年，他觀察到許多環境教育團體開始相互連結，跨領域合作，生活在花蓮，與自然共鳴的聲音們終於開始集結，逐漸清晰。

所有的觸發來自連結存在

另個在地方上同樣微小，卻始終堅持著的聲音，是王玉萍投入了十幾年的文化出版工作。「從２００６年到２０１２年的O'rip，和２０１４年後誕生的寫寫字編採學堂，都是我想運用出版過程，好好梳理花蓮的各種脈絡，透析出充滿質感的人事物。」王玉萍選擇在地方從事自己最愛的事——文化出版，即使經營艱辛，她仍然相信地方上必然有許多和她一樣期待了解居住環境的人。於是在O'rip出版的六年期間，她與夥伴們一刊一刊拼出地方風貌，期間她曾收到一位玉里訂戶的來信。

「這個女生說自己一直都對花蓮其他地方不熟，但是從這個刊

物開始，決定每個週末去探索一個地點，好好認識家鄉。」文字的魔力，讓人們願意從地方出發，抵達另個地方。這個效應在寫寫字編採學堂上也持續發揮，一年招收的十位花蓮學員，經由編採過程更加認識在地、並且培養出版技術的能力。這樣的人數看似稀少，但是六年過去，這些聲音疊加起來如同花蓮土地上豐沛的伏流，時不時冒出地面，發出潺潺聲響。

王玉萍期許著自己做個傳遞訊息的人，「我們不只找回脈絡，也幫其他人拉起連結。地方文化的傳承來自經歷，因為自己曾經被如此對待過，或是在經歷的過程能夠反思，轉化成更好的給予，再將這些心意傳承下去。那些象徵就不會只有空洞表象，而是也有豐滿內在。」

花蓮在改變，時快時慢。然而地方的改變不會只來自任何一個勢力，也不是誰想改變就能任憑發生。所有的觸發來自連結存在，有了連結，地方的樣貌就將活在共同信念的人身上。

當人們來到花蓮，最先眺望的是海，卻不會看見對海的渴望，最快熟悉的是文化符號，卻忽略地方人們對文化的依戀。我們能一眼掌握的總是簡略，但一個地方必然有許多樣貌。如果不知道這個地方隱性的呼喚在哪裡，就必須自己先出發，在堅持的行走中聽見跟隨的腳步聲，也許，就能遇見探出頭來打招呼的人。

Q A 深入地方！快問快答

Q1 請說說你認為的「地方」是什麼？

東—地方就是一個有情感連結的空間或場域。那個情感可能很複雜，因為不同人會有不同情感，但只要他對環境有了情感，那就會被視為他的「地方」。

萍—以人的角度來說，就是那個時空下的那一群人，他們的生活集結。但如果以比較宏觀的角度，就包含萬事萬物，因為人走了就沒了，但這個地方會因你留下的痕跡而改變。

Q2
認為公部門與地方之間是什麼樣的關係？

東一對於民間的各種蓬勃發展公部門似乎是樂見其成，但重複的事情有點太多，久了就有侷限感。公部門應該要有格局往不同的方向探詢可能，現在卻總是與民間一頭熱、往同個方向，這些機會就消失了。

萍一公部門常常不知道自己的方向在哪，但卻容易牽動很多。有時候就是公部門在找自己，才會造成這些擾動與改變。其實公部門可以認知自己做為中間角色平台，不一定要自己覺知去改變，也可以是釋放權力，讓大家去做。民間的力量是可以帶著公部門一起改變地方的。

Q3
要進入或參加地方事務，最重要的三個關鍵字？

東一不冷漠、引導者、樂觀。

引導者並不是指手把手的人，而是有些地方事務多少需要一點引介，這算是地方的特性吧。另外，地方相較於城市是比較緊密的，因此情感挫折也較容易發生，需要樂觀和不冷漠的個性才能加入，也不會立刻放棄。

萍一知道自己是誰、要參與的是什麼、核心價值。

知道自己是誰，你才知道你可以為地方做些什麼，如果不清楚的話反而可能造成問題。至於了解要參與的是什麼，是因為地方事務往往複雜，需要更細緻的看清楚自己在投入什麼，才不會暈頭轉向。核心價值，則是你能與地方一起成長的方向。

Q4
如果可以，最希望對花蓮或地方團體們說什麼？

東一這種感覺就像是對家人講話，因為投入和喜歡都很多，反而難以開口。但我希望花蓮的大家可以更開放自己的眼界與心胸，用更柔軟的態度去討論花蓮。

萍一一定要先把自己的生活顧好，自己都過不好，能幫這個地方什麼呢？當你自己好的時候，就會知道這個環境哪裡好、哪裡不足。如果一直在不好的狀況，又怎麼知道好是什麼呢？

Q5
來到或離開花蓮，帶給你的改變？

東一花蓮相當單純，不會常遇見過度複雜的身份，或是多元角色。但去了台北遇到更多人後，才理解到人會有不同狀態，也就學會用更開放的態度對待他人。同時，也更珍惜花蓮人際間的單純、真摯。

萍一來這裡後跟大自然越來越要好，以前什麼菜都分不清楚，現在常常感受大自然的滋養。另外，花蓮很允許你做自己，想做什麼都不需要交代太多，失敗也沒關係。這讓我變得更誠實，反正沒有人逼你，只有自己逼自己。

PLACE

新竹市

＋

PEOPLE

鴻梅文創

＝

從一間書店，到一座城市的文化代表

這幾年新竹變得不太一樣，除了過往大家熟悉的新竹火車站、城隍廟夜市等景點，近來又多了許多新舊交替的場域，如東門市場、新竹市動物園、將軍村等地點。

而新竹的人口樣貌和結構，也正在改變中；過往依著縱貫鐵路所區別、形塑的「在地人」和「外地人」，隨著移居第二代，土生土長新竹人的出現，這個有著百年歷史的古城，正加速變化。

文字—李育萱
攝影—Evan

1 或者工藝櫥窗一隅，是工藝和生活的窗口。　**2** 軟硬兼施外，團隊打造的據點大都採複合式經營。

新竹市是個很適合散步的城市，市區範圍不大，點到點之間大多是可以行走的距離；這幾年因為市政規劃，道路平坦多了，市區公園綠帶更明確，指標系統加入了字體和顏色的設計思考，Ubike設置點也相當密集，因此改變了在市區內移動的經驗和觀感。

硬體工程的改善容易讓大家有感，因為「有形的」硬體，實實在在影響著動線、空間配置，以及街區互動的方式；但令人更好奇的，是「無形的」軟體有了哪些改變和溝通？

軟硬兼施的團隊陣容

如同許多持續為新竹努力的地方團體，2017年鴻梅文創志業公司從新竹竹北的「或者書店」與「或者蔬食」開始，打造團隊和在地互動的模式。

「我們一直都是採用『軟硬兼施』的方式運作，」總經理朱逸恆表示，「我們有內建的空間設計團隊、長期配合的工班；從硬體翻修改造，到後面營運內容的企劃及進駐，都是自己著手。這也是為什麼，做為一個年輕的文創事業團隊，我們相較之下比較有規模和系統。」

團隊的誕生，全因董事長陳添順想在家鄉新竹市，打造一間「讓在地人驕傲、旅行者憧憬」的人文美學空間。起家厝落腳竹北市，起因天時地利人和都到位；2019年團隊跨過頭前溪，回到新竹市開設「或者工藝櫥窗」，

3 位於舊城區的大同路周邊，是團隊進入新竹市的重要區塊。 **4** 1691年興建的新竹市第一間土地公廟「開台福地」，也在附近。

及接下來即將完成的「或者風旅」和「食物料理美術館」等場域。除了運用品牌返鄉深耕，更重要的是團隊相信相較於公部門政策，地方團體更有機會在軟體上長期蹲點和布局。

十年，做為一個單位

「連結世代，應該是我們和董事長的共識。」現任鴻梅文創內容平台總監的朱培綺說得堅定。

2003～2009年間，朱培綺曾和夥伴李昕燁在竹北開設草葉集概念書店。她有感於十年前服務的客人和下一代，都在新竹落地生根，對閱讀並不陌生；又體認到文化事業的播種和耕耘，漫長但值得陪伴。有了草葉集的實際經驗，以及面對當下「時間點」的到來，讓鴻梅文創團隊都很清楚——十年，會是一個文化事業體的營運基礎。

而所謂當下的時間點，是綜觀這幾年的社會與人口演變：一來是社會對於獨立書店的存在，給予認同和行動支持；二來新竹在地客群普遍高知識、年輕化，對新事物接受度很高。最後，也適逢10月即將到來的「2020台灣設計展」落腳新竹市，地方政府全面動員，為此進行許多跨部門的規劃和整合。

採訪前，朱培綺與團隊夥伴才剛完成一個市府空間公開招標的口頭簡報。本來應該是三個月前要進行的提案，因為疫情有所耽擱，現在隨著疫情趨緩，所有招標案件又全速開展。面對和公部門合作上的諸多不確定性，除了精神要隨時在備戰狀態外，也經常考驗著團隊如何靈活運用實力來換取時間。

回到需求，回到生活

飲食，也一直是團隊想在新竹分享的議題。「吃，其實就是生活，我們希望透過生活，把人帶進來，再把知識脈絡導引進來」，朱培綺分享從吃切入，是很適合地方的溝通方式，既沒有進入的門檻高低，又是大家的基本需求。

從餐飲企劃到目前擔任門市營運總監的王詩鈺分享，新竹雖然屬於二線城市，但與她過去在其他城市的經驗相比，新竹的客群反倒很好溝通。「因為客群的開放度很高，對於事情的觀點較多信任，再加上工作的高壓和長時間，因此面對健康飲食生活的喜好度也很明顯。同時，這裡的退休公務人員比例滿高的，他們的生活進入養身和宗教的狀態，他們樂於吃蔬食。」順應著這兩端的需求，團隊在蔬食餐飲文化的推動上，穩定又逐步成長。

王詩鈺更進一步說明，團隊今年在「2020台灣設計展」將負責部分飲食相關的展覽內容，「比如說，我們會用米粉的成分比例，和大家聊聊這項新竹特產。用數據通則來說一個沒有品牌、沒有地方包袱的故事。」而產出的展覽內容，在設計展結束後會回到品牌旗下各個據點，由據點夥伴繼續讓議題發酵演化。

讓文化認知和消費留在在地

而面對新竹市已經突破45萬人口總量，大量科技移民的「第二代」、這些土生土長的新竹人成長，團隊希望肩負起一些社會責任。朱逸恆說，「透過更多在地挖掘，尋找出更多特色點，進行點、線、面連結和整合，讓新竹的過去、現在和未來，和他們身處的環境有更緊密的認識和提問，把文化認知和文化消費留在在地。」從一間書店到一座城市的文化代表，是一條漫長的路。此時此刻，天時地利人和，就看時間如何交換，鴻梅文創志業團隊如何走出一條穩健的路。

MEMBER'S TALK

團隊夥伴＋在地關係

內容平台總監 朱培綺

我本身是台北人，過去從竹北的草葉集概念書店出發，經歷了獨立書店的起落，也經歷新竹的變化。新竹現在的客群，比草葉集時代的客人好溝通很多，我們到目前為止還沒有遇到因為溝通不良，而需要送客出門！這次重回新竹，我在團隊裡擔任內容平台的總監，除了意識到內容是武器外，終於有機會，在資源穩定下好好思考並進行人才養成。最近我的注意力焦點都放在新竹縣市（州）的地圖、街道、老房子、文史調查報告以及稗官野史上，因為我發現新竹市是一個博物館城市，處處都有活生生的歷史痕跡。相較之下，或者書店落腳的竹北市，反而是一個成長快速的城市，從過去整片農田到如今形成的高樓林立，也不過是20年的光景而已。

門市營運總監 王詩鈺

過去20年我都在咖啡館的體制裡，不管是做專案、開店或是當咖啡師。這幾年因為擔任自由顧問，讓我有機會觀察很多城市。新竹對我來說非常有潛力，台北目前很飽和，而我自己的家鄉台中，暫時沒有太多事件在發生。相較之下，新竹剛好正在一個公部門和地方團體彼此借力使力，非常適合「做點什麼」的時間點上。
我認為新竹因為竹科園區的薪資結構，影響了大新竹地區的服務業人力成本：在一個生產線作業員薪水遠高於服務業第一線人員的環境下，這樣的條件推動業主重新思考，如何尋找對的夥伴和合理的對價關係。在這裡，我看到了自己累積的經驗，可以套入企業營運的可能，因此我就搬來新竹了！

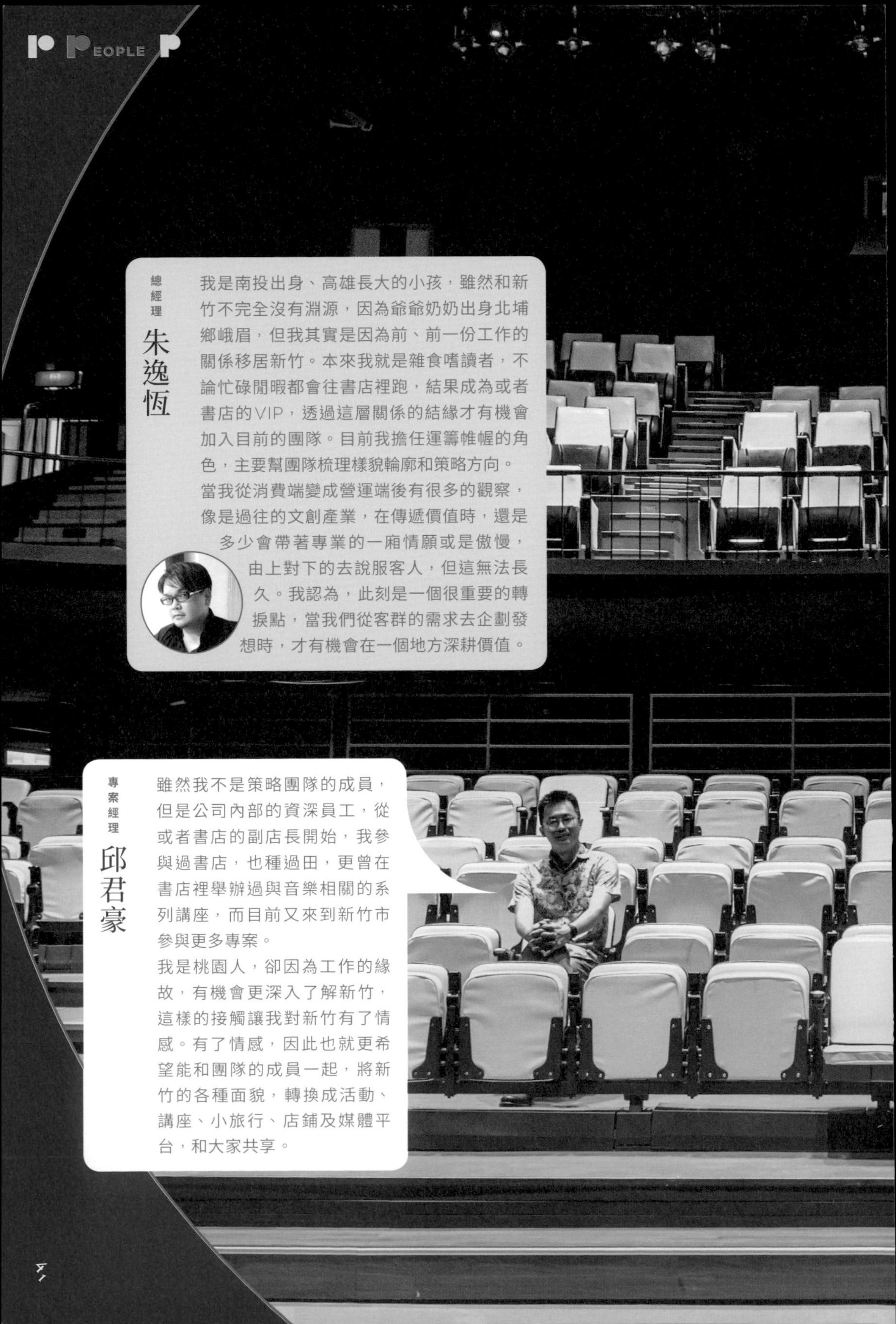

總經理

朱逸恆

我是南投出身、高雄長大的小孩，雖然和新竹不完全沒有淵源，因為爺爺奶奶出身北埔鄉峨眉，但我其實是因為前、前一份工作的關係移居新竹。本來我就是雜食嗜讀者，不論忙碌閒暇都會往書店裡跑，結果成為或者書店的VIP，透過這層關係的結緣才有機會加入目前的團隊。目前我擔任運籌帷幄的角色，主要幫團隊梳理樣貌輪廓和策略方向。

當我從消費端變成營運端後有很多的觀察，像是過往的文創產業，在傳遞價值時，還是多少會帶著專業的一廂情願或是傲慢，由上對下的去說服客人，但這無法長久。我認為，此刻是一個很重要的轉捩點，當我們從客群的需求去企劃發想時，才有機會在一個地方深耕價值。

專案經理

邱君豪

雖然我不是策略團隊的成員，但是公司內部的資深員工，從或者書店的副店長開始，我參與過書店，也種過田，更曾在書店裡舉辦過與音樂相關的系列講座，而目前又來到新竹市參與更多專案。

我是桃園人，卻因為工作的緣故，有機會更深入了解新竹，這樣的接觸讓我對新竹有了情感。有了情感，因此也就更希望能和團隊的成員一起，將新竹的各種面貌，轉換成活動、講座、小旅行、店鋪及媒體平台，和大家共享。

PLACE

台南新化

＋

PEOPLE

山海屯團隊

＝

用街屋，尋回地方生活的可能

在城市發展的步調裡，文化資產與在地故事常無意間，悄悄地在新鮮事的浪潮中被捲去。

台南新化老街上，東西兩側分別矗立著現代主義及仿巴洛克式兩大風格的建築，代表著百年前小鎮的富裕過往。然而，隨著時光推移，一棟棟建築逐漸老化，世代累積的文化不斷流失，被掏空的老屋失去靈魂，如此精彩的老街誰來探討？新化生活的記憶該如何延續？走過繁華的光景又該如何重現風華呢？

文字—林竹方
攝影—Kris

捷步鞋行
武德
大目降
逗遊
商店
老街
米店

「一直到現在，還有曾讓楊振宗先生碾過米的客人，特地來新化，就是為了看看米店。」現任米店店長吳匯亨，分享著管理米店的點滴趣事。

位在新化老街上的晉發米穀商店，於清同治11年（1872）開業，左側騎樓尚有二次大戰軍機掃射過的痕跡。走進米穀商店，櫃檯後方的牆上掛著一面黑板，上頭有粉筆字留下的各組密碼，這些字跡是第四代經營者楊振宗當時所寫下，而神祕的數字則是當時賒米的紀錄。以前日子困苦的家庭有時會到米店賒米，楊振宗樂於將資源提供給有需要的人，賒米不求即時還賬，所以黑板上充斥著許多的呆帳。

老屋專案

高晨皓

如果新化是個朋友，我覺得他會是位有格調的田僑仔。

520那天，正好也是高宸皓的就職日，就讀成大創意產業設計研究所，他的碩士論文研究的場域就在新化。畢業後他曾前往澳洲打工，看過國外的世界，使他更確定自己想留在家鄉服務的想法。目前高晨皓家住在台南市區，每天搭公車通勤上下班，這樣的步調讓他更可以觀察新化巷弄的美好。

行銷經理

蘇莞婷

新化就像是位有優越感的仕紳耆老。

自2011年起加入團隊的蘇莞婷，從小就在新化長大，後來曾到高雄從事行銷工作，因為家庭因素回到了新化。和拾荒流及山海屯共同成長，經歷了將近十年的光陰，她認為在感動別人前，最重要的是先感動自己。蘇莞婷期盼未來某日，能將這些過程好好書寫記錄下來，提供自身經驗讓更多有志從事地方工作的年輕人參考。

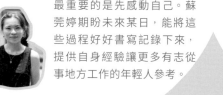

巡迷，在歷史街區「巡」回生活

一代傳過一代的晉發米穀商店，當第四代楊振宗過世後，第五代經營者楊明憲因患重病，不忍家族心血戛然而止，這座百年商店便找上了耕耘地方近十年的團隊——山海屯社會企業。接下了這個老店招牌，如何使這座失修的檜木碾米機能夠運轉，便是團隊的首要任務之一。每座碾米機都因應著碾米廠有著自己的模樣，走過悠久歲月的碾米機，要找到能夠維修的師傅以及適用的零件都是高難度的挑戰。

2019年年初，以新化歷史街區「米」的創生群眾募資計劃——「巡迷」上線開跑，最終募

晉發米穀商店店長

吳匯亨

如果新化是個人，他一定每天都早睡早起。

5月下旬，吳匯亨因為晉發米穀商店店長這份工作，從高雄搬來新化，這不是他第一份在台南的工作，但比起先前待過的永康，吳匯亨對新化充斥著滿滿的慢活印象。因為之前劇場相關背景，使他接觸過形形色色的人，面對顧客他滿懷熱情，希望透過米店讓客人更加認識新化。

街區經理人

林若嵐

相較關廟，新化是個很商業又快速的都市。

在台北待了18年，林若嵐有天意識到「台北的生活不是自己要的」。那天，她搬離了台北，返鄉回到台南。今年初剛到任、負責米店的她，將米店管理的有模有樣，現在交接給吳匯亨，接手街區經理人的工作。雖然負責的範疇更廣，但林若嵐覺得所有的安排都是最好的安排，也期許自己在新化所學有天能回饋給自己的家鄉——關廟。

1 今年長泰西藥房展出的陶瓷作品，也是由落腳新化的「湛露工作室」藝術團隊製作。 **2** 長泰西藥房化身為一座辦理展覽、講座的文化推廣空間。 **3** 晉發米穀商店販售著各種好農穀物。

3

老街本身即為一座展示新化生活的博物館。

得一百四十多萬元，不僅舉辦多場米食文化活動，現在，成功運轉的碾米機更是訴說這間百年米店的最佳代言人。

對於務農的人來說，「巡田水」是一個平凡不過的日常，這個工作簡單，就是需要花時間和費心思。「巡迷」正是抱著如農人般巡水田的態度，在歷史街區的巷弄中重新感受新化豐厚的生活記憶，將新化平凡的日常，透過一幢幢充滿歷史價值的老屋，寫下一篇又一篇動人的故事。

留屋，留人，留文化

在背後推動募資計畫的，正是2010年來到這裡、曾任新化社區營造協會總幹事的許明揚。

2011年，他為了證明社區營造是有成為產業的可能，決定成立「拾荒流工作室」，2014年與地方居民經歷了「龍燈農藥廠」事件，風風雨雨的幾年過去，回首一路的起伏跌宕，讓許明揚於2015年決心給自己和工作室一段沉澱的時間。這些留白的日子直到2017年，許明揚決定將能量再度聚焦於新化街區，並成立了山海屯社會企業，致力將新化打造成一座能訴說地方生活故事的博物館。

既然是座博物館，展示空間便是重要的關鍵因素。團隊以社造結合不動產投資經營的地方創生策略，第一步便是取得歷史空間的經營權。經過幾次與屋主交涉失敗的經驗，許明揚和團隊決定改變談話的方式，直接從老屋的角度切入，使屋主了解，除了可以收得租金之餘，房子還可以得到妥善的照顧，不僅解決老屋維護的大小問題，更透過展示找回屋子的故事，保留屋主過往懷念的一切。目前在新化歷史街區裡，山海屯已經取得五棟老屋、至少十年的使用權。

有了展示空間，接著就是各個空間的策展人。晉發米穀商店主要做為米糧文化的推廣、長泰西藥房化身為農創空間與人文講堂、陳清傳故居定位為傳奇教練展示室、梁道故居則為山海屯的辦公空間，未來部分空間也將規劃為共同工作室，甚至是夜間快閃酒吧使用。「目前我們正在整修的針車行，屋主是一位文化志工，看

見這幾年我們在做的事，直接購入老屋，交給山海屯修繕與開發營運模式，真的很感動！」整修中的針車行，未來預計做為布與縫紉的文化推廣基地。

地方生活故事博物館，正逐步成型，許明揚期盼藉由這些空間的營運，創造更多青年就業與團隊進駐，人留的住，文化也才留的住，典藏街區文化的同時，又能為老街帶來新的氣象。

聊聊真新化，優雅與溫吞

「我推動這個計畫時，心裡想著一個新世界。我的計畫總能用一種和諧而不悲傷的生活方式，讓我的信仰重新變得鮮活。」回想踏入社造工作的初心起念，許明揚分

老街上，隱藏著通往傳統菜市場的路徑。

享當初研究所畢業、踏入社會工作的前夕，影響他深遠的《志工企業家：提昇人類社會的力量》這本書，讓他決定「勇敢出來做點事」。

即便他與團隊成員大多非在地人，但都有著不怕挑戰的韌性，也因此更能發掘新化的價值。他們眼中的新化如同一位帶點年紀、文質彬彬的老仕紳，因為日本時代奠基的現代化發展而有著自己的個性，「優雅與溫吞」更是許明揚感受到的新化性格。

未來，他們將以新化這座生活故事博物館，成為台20線深度旅行的起點；接下來，團隊亦會投身於台南左鎮聚落，這個人口外流與老化問題嚴重的地方，希望藉由新化歷史街區的經驗，帶給左鎮不一樣的可能。

落地方法論

LANDING

1 傳說中的地方創生三要素

① 年輕人：具備好奇心並能主動學習新事物。

② 外來者：帶入新思維，促進地域性活化的交流。

③ 笨蛋：熱血積極的態度。

日本極力推動的地方創生，近年也於台灣各地遍地開花，國發會更於2019年宣示為台灣地方創生元年。傳說中的三要素，恰巧也是許明揚的自身經歷，因為並非新化人，也較能沒有包袱的在當地注入他對地方的熱情。

2 靠譜的地頭蛇

認識地方重要組織，找到Key person引進門，比起滿腔熱忱的無頭蒼蠅更加省時又省力。許明揚一開始是從新化社區營造協會著手接觸新化，有了相關人脈與背景知識，進而決定自己創辦工作室與公司。

3 基地蛋黃區的小天地

自從許明揚與團隊承租並經營了長泰西藥房，不僅拉近了團隊與街區的距離，街區的業者與住民也更為理解團隊的理念與作為，甚至具有串門子凝聚情感的功能。

關門講心內話

張敬業

1985年生，鹿港囝仔文化事業創辦人、禾火食堂幕後推手。鹿港長大，返鄉八年，曾參與保鹿運動，並發起今秋藝術節。

邱玠瑋

1990年生，旮旯嘉卅碳烤吐司創辦人，兼營興趣理髮。鹿港女婿，新住兩年半。今秋藝術節共襄盛舉的友善商家。

老鎮新談 TRUTH IN NIGHT

鹿港青創世代，

文字—李佳芳　攝影—施清元

洪明萱

1985年生，主業為朝陽科技大學講師，副業是煮煮陶鍋咖啡Little Chief活動小當家。鹿港長大，返鄉四年。文化部青年村落「金銀島計畫」與「25種在地美學的生活提案」發起人。

紀筱榆

1990年生，小鎮資產管理公司擔任總管，鹿港茉莉人文環境教育中心主要執行人。出生台中的鹿二代，新住七年。參與小鎮團隊修繕近25棟老屋，策辦迷鹿任務、夜訪鹿港、百艸玩等。

Q 你們和鹿港這地方有什麼淵源？

張敬業（以下簡稱敬）：我在鹿港的鄉下「頂番婆」長大，高中出去外地唸書，大學畢業當兵一年、再工作一年，就回來了。那時候鹿港剛辦完燈會（2012年台灣燈會，有史以來規模最大），很多事情都感覺很新鮮。

邱玠瑋（以下簡稱瑋）：我是台北人，但那不是我想生活的地方，因為台北住到很厭煩了，只要是台北以外都很能接受。我其實沒想過要來鹿港，也曾經想去台東、屏東……後來主要是因為老婆是彰化人，又有了小孩，所以想在熟悉的環境創業。

紀筱榆（以下簡稱榆）：我應該算半個鹿港人，我從小在台中「車籠埔」長大，但每星期都會跟爸媽回老家，連同學都很好奇我到底是台中人、還是鹿港人。因為這樣的成長過程，後來環島旅行認識了現在的老闆（許書基），才因緣際會回到鹿港。

洪明萱（以下簡稱萱）：我跟他們不一樣，我住在鹿港的蛋黃區（手指向中山路的方向）！但我以前從來沒有想過要回鹿港！（強調三次）我小時候很討厭鹿港，覺得這裡太落後了，國中就把志願填到很遠，大學還跑去南藝大唸。

萱：我會想回鹿港，應該要講到他叔叔（指著紀筱榆），他叔叔是我研究所學長，我們偶爾在學校遇到會聊到鹿港的事情，又剛好我的論文是研究台灣九〇年代電影的政治傾向，我在鹿港反杜邦運動的紀錄片中，看到我老爸在裡面跟人家「相拍」（sio-phah，台語鬥毆之意）。在我成長階段老爸就是植物人了，我一直沒有真正接觸過他，卻因為這段歷史影像才又認識我老爸，那對我來說是很震撼的。不過，我回來是為了小孩，我想讓小孩在鄉下長大，也因為這樣走進風土教育。

剛回來最不習慣的地方是？

敬：常常被問是哪裡人，沒有鹿港腔，或是住在哪裡。老人家會說頂番婆不是鹿港，復興路的Corner才是鹿港。感覺自己原本很認同鹿港，可是當進入了核心，卻又變得不是鹿港人了。

萱：我離開太久，太久沒有用台語，也有一樣的問題。

敬：還有會被說「穿得不像」鹿港人……

萱：沒錯。我回來第一年上班還會化妝、穿很正式，可是發現身邊都沒人在打扮，也就漸漸被同化到穿拖鞋去上班，現在已經沒有化妝品這種東西了。

榆：我是以前的生活圈在台中，好朋友都不住鹿港，最大的困擾就是重新建構友誼關係。電話都打一輪了，晚上還是揪不到人，感覺沒朋友。

璋：我也常被問爸爸是誰耶。我剛開始不懂為何，也很難解釋我爸爸是誰（因為不是鹿港人嘛）。後來才慢慢注意到，原來是鹿港的環境很小，大家要彼此認識並不難。

最喜歡（或最不喜歡）鹿港的一面？

敬：以前會覺得鹿港沒有劇場、演藝廳，後來覺得什麼都沒有也很好，反而可以長出新東西。可能是我住的不是那麼核心，也沒有家族淵源，所以不太有包袱，可以放的比較開，用自己的方式去參與地方。

榆：很怕鹿港的晚上，風很大，又會有「送肉粽」（傳統除煞儀式），沒想到回來又是住老屋，完全是幻想無限。（驚嚇狀）

萱：我倒是很喜歡帶小孩去看「暗訪」（神明夜間巡視轄區），尤其是「犁轎」（神轎之間的行禮）很

精彩，這間廟跟那間廟的交情好不好，鹿港人一看就知道。

瑋：鹿港生活和我滿合的，這裡像鄉下又像都市，該有的什麼都有，可以滿足我所有需求。

榆：像我外公在小村莊很有名，在這邊生活很容易被貼標籤，但也是因為這種人脈關係，才把我引薦給現在的老闆，很多老人家也因此記得我是誰，有時還會叫我去吃飯，感覺他們把我當成自己的孫子。

萱：對，長輩太關愛了！（表情顯得困擾）我先生剛開店的時候，沒什麼人上門，婆婆就每天到處打電話，強迫或逼人家來消費（嘆）……

榆：回來混了七年，現在覺得鹿港生活氛圍實在太好，你在這裡很少看到高樓大廈，是件非常舒服的事情。我覺得在這裡什麼工作不是很重要，重要的是在鹿港認識的人很棒，讓人非常有歸屬感。

Q 覺得鹿港以前和現在哪裡不同？

敬：過去我們在搶救老屋，都是站在公部門的對抗立場，但今年開始接觸到公部門的老屋輔導標案，表示大家都有意識要推動了。以前覺得鹿港很保守，年輕人的聲音很少被接受，但現在老人家也慢慢調整，能接受很多有趣的事情了。

敬：印象最深刻是龍山寺的阿姨！第一年在龍山寺辦今秋藝術季，活動要到9點才結束，阿姨很不悅，覺得影響到他們的作息。可是老人家喜歡熱鬧，當你去廟口辦活動，引來一堆人的時候，他們會覺得很

生氣盎然。所以，第二年阿姨就說慢慢收沒關係，到現在還會主動問需不需要幫忙。

榆：會覺得鹿港觀光客越來越多，但客人來和我們交流的時候，發現很多人會期待鹿港不只是現在這樣，我也一直在思考人潮現象的問題，希望不要都是蝗蟲過境式的觀光活動。

敬：鹿港的物價處於低價狀態，所以消費體驗時間也很短，要放什麼東西進來增加城市體驗很重要，有時候確實要放遠一點看，才能吸引到想要的消費族群。

萱：還有就業市場也不一樣了。我剛回來的時候，想找彰濱傳產業的美術設計工作，但高學歷很不受歡迎，完全沒有面試機會，最後只好把履歷改成高中畢業，超挫折的。而且就算面試了，也會發現實際工作內容和期待的落差很大，上面寫徵求美術設計，但實際上是電腦割字……不過現在狀況不一樣了，朋友真的在彰濱找到美術設計工作。

敬：這幾年中央政策方向有調整，產業投資在非都會區，鼓勵傳產轉型，就比較肯用創意人才了！

萱：有差捏！我後來有打開１０４，上面不再只是徵求廣告排版或是電腦割字了，現在街上的招牌設計也不會很醜，還有看到一家觀光工廠全部換新的ＣＩＳ（企業識別系統），都滿吸引人的。

敬：大家終於知道設計跟美工的差別了！（笑）

Q 請分享各自正在進行的計劃。

敬：我們今年申請到「在地青年創育坊」，早期像這樣的案子只會發生在都會區，但近年政策開始把原本設定在都市的思考投放到地方，是八年來從來沒有過的事。前幾年我一直在鼓勵身邊夥伴創業，現在我想把經驗延續，像是協助提案、介紹貸款機制、媒合公共資源等，可以透過機制去協助更多年輕人進入創業。

榆：我從前年開始記錄鹿港的拜拜文化，祭祀的貢品、擺法都有特別意義，發現拜拜這件事情沒有標準，不是誰說了算。今年最大體悟，是各行各業為了準備拜拜而衍生出一種很特別的生活，如果鹿港的祭祀文化可以被體驗的話，其實不必舉辦什麼大型活動，這樣也就夠了。

萱：在「金銀島」計畫後，我一直反思傳統DIY課程的問題，不論捏麵人或是五色傘，我發現很多都是完成作品，活動就句點了，很難有延續性。所以我現在推動「25種在地美學」就是想把課程轉化為長線般的美學體驗。目前我的客戶都是小孩，但之前辦的台語料理課「吹海風的麵線」，小孩不只是學習分工、料理、講台語，從一個麵線糊發展出許多溫馨的體會，有媽媽聽到都紅了眼眶。

榆：那個麵線老師就是我爸喔！我想讓他理解我的工作，所以慫恿他去表演煮麵線。他本來覺得很丟臉，但現場來了一群香港人，不停嘖嘖稱奇，我爸整個人就「風神」（hong-sîn，台語膨風得意之意）去了，現在變成她的班底。

瑋：我是要推出新菜單……我想每兩個月就推出新產品，讓在地人可以吃到不一樣的東西，也希望可以做得更好，讓更多人看見，成為鹿港的在地品牌。

敬：補充一下，他的菜單是我夥伴畫的，餐盤也是向朋友採購的，是陶樂實作製作的。

瑋：因為認識大家，才可以在當地找到人才，同樣都是要付費，能互相幫忙是最好的。

Q 推動事務遇到阻力時通常怎麼解決？

榆：我們民宿是還好，和大家都是友好關係，店家看到我們的客人都很開心，阻力應該是敬業比較多吧。（大笑）

（洪明萱也出聲附和）

敬：保守觀念確實會讓工作比較難展開。不過我學聰明了，要和廟方或社區交涉就派女生出馬，老人家態度會比較好，也比較不會拒絕。

萱：我是驚世媳婦就沒辦法了，常常會被老人家嘲笑，說開咖啡館是

玩票性質，曾經慘到沒錢買奶粉也不敢跟家裡要錢，賭一口氣也要撐下來。

敬：其實像明萱這樣的角色很重要，因為鹿港是個很傳統的父權社會，這座城市非常缺乏女性觀點，女性面對龐大的父權體系，能有不同聲音是很不容易的。現在的鹿港正慢慢帶入不同觀點，過去不常見女性的傳習工作也漸漸開放，我覺得女性聲音也應該要被開放出來。

榆：老人家是願意看我們在做什麼事情，只是他們很難理解像背包客棧這樣的東西，我有時會開玩笑說是大家睏作伙的房間，透過巧妙的解釋可以讓他們由淺至深去認識你在做什麼。

敬：鹿港的老人家會這樣說，是因為他們都是有產業的吧。他們白天都在證券交易所吹冷氣，我們比他們更需要救助吧（笑）！可是很有趣，他們的後代很少有回來的，或許是他們的目標不在鹿港，但我們選擇來到這裡是因為有想要的生活。

瑋：其實我一開始生意真的很差，鄰居常來跟我說這個店面換過很多次，每次都覺得老人家經過、看我的眼神不是那麼友善。當然後來也是有老人家來嚐鮮，可是聽到「我看你開了半年，生意很好，不然來吃吃看」這種話，會覺得很怒。

榆：可是吃完後就像小當家啦！

（雙手高舉，揮舞出爆炸動作）

敬：鹿港人講話就是鹹又澀，我很多朋友都說跟京都人很像，那是因為社會主體缺乏刺激的關係吧。

Q 請用一句話形容鹿港的個性。

（語畢，大家陷入無言的沉思……）

榆：我想到了。我叔叔有一次說「你就拏拏仔直」（鹿港腔），意思是「傻傻、專心做事情」，就算失敗也會有成果。這多少影響了我，反正就是把事情做好，欣賞你的自然就會來。

敬：鹿港的個性就是悶騷吧。它有很財大氣粗的一面，但絕對不會張揚表現出來。就像大家對你有想法，都不會馬上說，他會慢慢觀察你唷！（轉頭看向邱玠瑋）

瑋：鹿港人真的看不出來。我之前住的地方都比較都市，所以覺得鹿港是個很特別的環境。我認為鹿港是一個越在裡面、知道越多，就越不知道怎麼去講它的地方……

敬：雖然鹿港很保守內斂，但鹿港和彰化的關係，就像安平和台南的關係，在古早時代都是港口。港口文化就是包容性強，可以慢慢吸收我們這些年輕人的瘋癲想法。

萱：的確，我以前一直想離開鹿港，但我只要在外遇到挫折，我不會想像一般人去旅行散心，反而是會想要回到鹿港。真要形容的話，我覺得鹿港是一個可以包容我的地方，可以說是避風港或秘密基地吧。

Q 認為自己在做的事，會讓鹿港多了什麼改變？

敬：我想打開鹿港的想像，把地方的概念虛化，不再是透過父執輩去確認彼此的關係，而是用關係人口的角度，把認同的光譜打開，這樣地方會有趣一點，可能性也會更多一點。不用是家人關係，大家都是一個Family。

榆：我小時候最討厭歷史課，沒想到工作會和文化有關，但也因為這樣才明白歷史不只在課本裡，我想用新型態的方法來講鹿港的歷史，在小孩身上埋下種子，讓他們將來有機會可以留在鹿港。

敬：今年我們也在提案教小孩講台語。其實鹿港腔不只是語言，而是順著產業發展過來的，但現在大家講鹿港腔有點流於表演性質，只要參加導覽都會聽到「要去街尾買馬尾」這樣的話。我覺得環境對於母語養成很重要，很多小孩的台語講得很好，但因為周圍其他朋友不講，就漸漸沒有習慣講了。所以現階段我們大人要先調整自己的語言邏輯，透過和孩子相處、自然往下發展。

瑋：我比較不敢講有什麼影響，但是敬業來找我談友善環境的事，例如少用一次性餐具、使用可分解材料啦，那是我以前在北部不會有的觀念，現在覺得自己應該可以做得更多，會想要去嘗試吧。

敬：不一定要傳習保守，而是要完成自我想像中的鹿港，那才會成為生活的一部分。

榆：嗯，但希望鹿港不要因為開發而改變得太多。

敬：不是反對或贊成發展，不必所有人都像我們，承襲傳統也很好，一個城市就會有不同聲音。我覺得地方應該順著脈絡去長出自己的樣子，不是成為彰化的台北或是台灣的京都，那都不是自己。

萱：我覺得是這樣沒錯！

敬：城市的性格會因為年輕人慢慢轉變，最後吸收了很多不同經驗，成為可以包容更多事物的狀態，那對於城市來說才是不同的成長。

呼，終於結束漫長的對談了！

① 基隆 KEELUNG

隧道

「到哪了？」
「要過磅空（pōng-khang）了！」
無論離家多久，
搖搖晃晃、半夢半醒，
當黃色光影倏忽映入眼簾，
基隆人就知道到家了！

家的光影 # 雨天
港區翱翔 # 期間限定遊樂園

雨晴

這城市的人討厭雨天嗎？
外地人總感到灰灰濛濛的雨都，
其實繽紛燦爛的片刻有時，
心若自在的靜謐有時呢。

黑鳶

港邊天際線，除了郵輪、貨櫃、
橋式起重機在搶版面，
再抬頭瞧瞧恣意的黑鳶，
展翅、高飛、盤旋，
偌大的港區，
可以乘載每個人的翱翔。

主普壇

坐在阿爸的肩頭上竄動於人流之間，
為了一探光彩炫目的花車，
更期待獲得明星花露水的祝福。
中元祭除了是期間限定的城市遊樂場，
在煙花瞬滅後，
主普祭壇下的人們和鬼魂都得以慰藉。

黃于倩
一握相機就靜不下來，擅長框住動態中的人物神情，雜誌特約攝影師、曾任總統府攝影師，跟著政治人物趴趴趴走看台灣。影像有時是它願意被看見，不是有多gâu。

太陽的味道

嗨～您好：
因為喜歡您的圖文成為追蹤您的小粉絲。
目前我在高雄讀研究所，
今年要畢業了才驚覺對這個城市留影不多，
請問您有畢業外拍的服務嗎？

喜歡達成異想天開的事，
下個月即將畢業的她，
雖然在高雄生活了三年，
但卻很少來海港晃晃，
「我喜歡高雄的太陽。」
嗯，尤其是那曬過太陽的衣服，
聞起來很幸福。

2 高雄
KAOHSIUNG

#機車寶 #愛聊天
#晒過太陽的衣服 #鹹鹹海港味

港邊日常

高雄與海的距離很近，
卻又好像對它很陌生。
有天半夜睡不著，
約了朋友搭船去旗津晃晃。
太陽剛升起的旗津跟平常看到的很不一樣，
少了遊客但多了更多的鹹鹹海港味，
我喜歡這樣的旗津。

機車寶

去隔壁菜市場買菜，
依然堅持騎機車的高雄人
啊對！還有一種是直接停在攤販面前，
就是不下車的那種。
如果說被媽媽寵壞的孩子是媽寶
那被機車寵壞的人就是「機車寶」。

果貿跳蚤市場

本來只是在拍阿姨旁邊的假人頭，
但阿姨好像以為我在拍她，
繞了一圈回來，
決定正式幫阿姨拍一張照。
於是，她很靦腆地取下口罩，
拿出包包裡的帽子戴上，燦笑。

王倚祈

10 歲前，對高雄是個什麼樣的地方完全沒概念，11歲後與家人落南（ loh-lâm ）至高雄，從此就與這片土地黏在一塊。兩年前轉為自由人，成立《大雄誌 megao》與網媒「雄雄 hiông-hiông」。

TO 台東

TITLE 從未來寫給你的一封信

文字－郭麗津
圖片提供－津和堂

PEOPLE DATA

郭麗津

台南出生長大，台北求學就業，37歲選擇成為新台東人，並創立了一間非典型的規劃顧問公司，在意從地方真實生活經驗出發的思考與實踐。除了臺東慢食節，最近熱衷的專案是陪伴女兒。

親愛的台東：

謝謝你，在2010年的時候包容了一位不論講話、開車都很快，嚴謹執行計畫又經常在趕時間的一個女生，大家都稱呼她某某公司的郭小姐，是個從台北來又帶著府城氣息，在台9線村落間穿梭，明顯有些格格不入的臉白白女生。

把自己重新種在這片地方

因為你的不棄嫌，讓她與團隊和所屬計畫，在這裡展開了三年的實驗，既談著如何以養生休閒主題的微型產業促進花蓮與台東的經濟發展，又論著如何促進外部人才東移或返鄉。當時候已經有很多人島內移居至東海岸，過著理想又具風格的生活，又或者為了追尋自然

TAITUNG

健康價值，移居縱谷實踐非主流農法；有不少是所謂的科技業新貴提早退休、帶著檢視生命後的新追尋，落腳到你這裡。這些移居者多安適地過著莊園般的生活，也程度不一地為地方注入新活力，雖然並不是因政府計畫鼓勵而來，故事卻都篇篇精彩。

政策究竟該扮演什麼樣的輔助角色，來達成所謂的「發展」目標，並切合真實的地方需求？若缺乏核心價值的引導，很容易淪為計畫成效導向的追求、政治利益或公部門本位意志的延伸，那該怎麼做呢？

這些都是纏繞在這個女生腦海裡的思量，規劃顧問公司的操作節奏則是壓在她肩膀上的石頭。身體經常往返穿梭在稻浪、花海、鄉野阡陌間，每一幕映入眼底的日常風

每一幕映入眼底的日常風景，
逐漸成了返回台北時
心頭割捨不下的牽掛。

景，逐漸成了返回台北時心頭割捨不下的牽掛，最終她不敵夜空星滿、月光粼粼的能量牽引，決定把石頭卸下，把自己重新種在這片土黏黏的地方。

感受「很慢的」精神和食材

台南美食餵養長大的體質，讓她對台東的餐館、便當總是當作田野間吃飽就好的生存所需。

直到她認識了更多在地朋友、吃到彷如私廚料理的感動、產地直送的鮮美，每張家傳的餐桌，就是地方隱藏版美食的魅力所在，這是她提案催生2012年「產地餐桌計畫」的核心動能，原來這也是如此扣緊全球的慢食運動精神——對傳統與在地飲食文化的保存與守護。

很謝謝你，台東，默許她與夥伴們開始推銷義大利製造的舶來品，透過這個過程努力地想要把屬於你的原貌美好，讓更多人感受得到、甚至可以是地方經濟發展的另類出路。當時，大家都卯足全力拚觀光，希望一百萬人次來到台東，但在轉譯這個舶來價值的過程中，我們更確認真正讓人想來到這裡很多次的真義，是讓你可以好好地表現出自己的獨特，並實踐出長存之道、綻放出專屬於你的芬芳。

豐饒的縱谷糧倉，是「產地餐桌計畫」的推動起始之地，透過一頓餐食的過程連結地方文史與地理經緯，讓旅人感受風土人情，以及鄉野質樸的農食生活，並且透過節慶形式將大家的拿手好滋味，集結在台東市區的熱鬧新據點。

從「時令餐桌節」到「臺東慢食節」，從縱谷到台東全境包含離島，外表看起來是一場場的市集活動，實則是在地店家朋友們吃在地、品當季的共同集體創作，也是讓家傳的好滋味、在地的好食材有機會表現和延續的方式之一。透過食物，把喜歡「一起一起」的朋友連結得更緊密了，有位住在市區的排灣族vuvu，說她每次都一定要來臺東慢食節吃那一大鍋小米飯，那是她回味在部落生活的記憶、那是她文化源由的地方。

守護走進風景裡的生活

謝謝你，台東，這幾年厚實地滋養了她。人們說她的移居帶來了台東的改變，但事實更像是你讓她真實感受到生命的本質為何、你的包容和接納給了她更多勇氣，去追尋、開創出想要的工作價值與生活內涵，以及從本質出發去思辨與實踐什麼是對地方好的、什麼是對的發展。

謝謝你，台東，你是一個充滿療癒和強韌能量的存在，你讓人感受到真實的富有與強大為何，善良真誠、樂於分享、愛好自然的人們總是在這裡找到更多共振的可能。你之於台灣、甚而全世界是一個獨特的字詞，代表著自然野性，也象徵著對自我追尋的浪潮，更直指生命之原／源的純粹！

時至2030年的此刻，當年那位臉白白的女生，已經有了一個10歲也是臉白白的女兒，她在這裡相識所愛、用愛連結了世代，走進風景裡的生活，更務實地想要為美好多盡一份守護。在多年的鑿刻後，「慢」的一切成了後山最前瞻的建設，慢食節同時也成了全球百大不可錯過的地方特色節慶、代言台灣這塊寶島的豐盛！

> 每張家傳的餐桌，就是地方隱藏版美食的魅力所在。

台東，謝謝你依然是你，20年過去，山海的壯闊沒有改變，天地的舒暢依舊，星空依然美麗，人情如常盈滿，人們在這裡經常展燦爛笑顏。定居人口沒有增加太多，但季節性的長住人口、有趣多樣的人增加不少，健康的樹木也變多了，這樣的發展挺好、挺好！

謝謝你台東，
你是充滿療癒和
強韌能量的所在，
你讓人感受到
真實的富有
與強大為何。

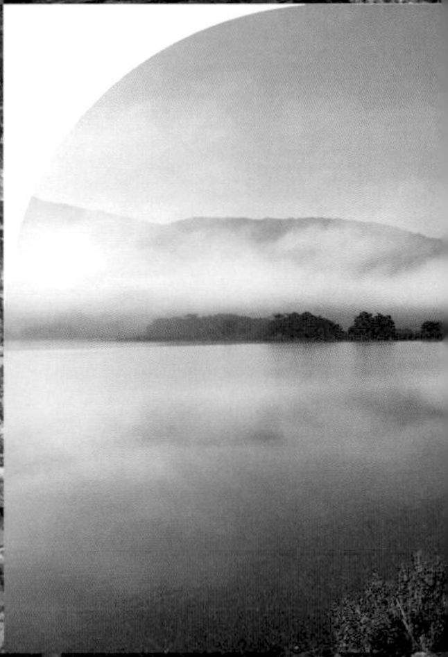

TO 恆春

TITLE 你是音樂人居住的島嶼

文字—張彥頡、楊雅儒
圖片提供—半島歌謠祭、屏東縣滿州鄉民謠協進會、邱家驊、張彥頡

PEOPLE DATA

張彥頡

眷村長大的桃園人，自認異花授粉者，喜歡跨領域思考與合作，熱愛海洋與旅行，現居住在恆春。

PEOPLE DATA

楊雅儒

新竹人，定居在恆春的視覺設計師、插畫家和動畫師，愛山愛海也很愛哭，擁有自由但是膽小的靈魂。

嘿，恆春：

10月過後的你，天空一如往常湛藍，潔白的雲朵滑落山谷。座落在南方珊瑚礁島上的你，熱情直率，此刻卻也帶了些叛逆。轉眼間刮起的陣陣落山風，迫使駕駛們放慢速度，握緊龍頭和方向盤。人們彎腰避風，土地裡的作物被吹得七零八落。也許就是這樣的變化無常，讓這裡的人們堅韌有個性，農作物也特別香甜。

在田野，把生活唱成一首好歌

時間拉到百年前，當時的你就像是座孤島，枋寮以南的三不管地帶，清朝力不及此，客家、閩南與原住民們各自形成了許多聚落，彼此互相經

HENGCHUN

商叫賣，偶而發生零星械鬥。

經典的楓港小調「駛牛車」，便是闡述你身上的西部公路尚未開通前，若從滿州經商貿易，所有的農作物都需以牛車拉貨到車城海口，經16個村莊後，再以海運通商至枋寮、東港、高雄等地。沿途路徑像極了一幅半島的清明上河圖；反觀，你東側身上的交通較為便利，早期便有阿美族、卑南族等原住民遷徙至此居住，深深影響在地的語言與生活，讓帶有圖騰的原民文化走進歌謠，旋律與語調也因此富含著美麗的古調與性情。

「ㄏㄧˇㄠ～」在田野一座小房中，阿嬤們此起彼落的互相寒暄，檳榔給自己，火龍果汁給客人，人間國寶張日貴阿嬤信手拈來拿起了月琴，向素昧平生的大家介紹引以

一起唱歌玩耍了幾年，
阿嬤好像多了幾個孫子。

為豪的滿州民謠。刷下月琴，開口調子裡的第一句歌詞便唱：「我生來就是要唱歌～」。小時候在媽媽懷裡聽著聽著，民謠之於人生，像是擁有無形的至親，伴著自己、伴著歲月、伴著你身上的滿州山城，一代一代被傳唱下去。

在我的腦海中，你猶如一座音樂人居住的島嶼，住在其上的人，也許不識字，卻也能三步成詩，將生活轉化成四句聯，唱進恆春民謠的曲調，就是一首好歌。生活在你身上的居民們經營著小本生意，賣著滷肉飯、青草茶和米苔目，更有台灣最南、最辣八十幾歲的檳榔西施，時間一到，板凳一放，街頭就是他們最棒的舞台。

用碰撞，把在地價值扎根進心裡

２０１８年，我們因緣際會接下了半島歌謠祭，重新思考民謠的可能性，用「傳承」和「團結」與在地串連，以「世界音樂」、「老調新聲」、「半島劇場」三條軸線發展地方的特色節慶。

「世界音樂」嘗試將恆春民謠從地方傳統音樂再定調為世界特色音樂，與世界專業音樂人合作共創，並到各地巡迴演出；「老調新聲」是讓阿嬤與年輕樂團共同組Band，透過傳統與流行音樂碰撞，一起玩出跨世代的半島歌謠。這樣的合作契機，便讓兩位滿州阿嬤與三位年輕人組成了「你太白了，去曬黑」樂團，改編經典民謠「守牛調」與「楓港老調」。

一起唱歌玩耍了幾年，阿嬤好像多了幾個孫子。端午節阿嬤的肉粽，飛魚季阿嬤親手做的一夜干，每次聚會吃不完的水果，年輕創作者忍不住對長輩們的撒嬌，換來阿嬤們的寵溺，相聚就像家人一樣。

而「半島劇場」，則將長久以來發生在你身上的女性故事搬上舞台，２０１９年，邀請了台南人劇團與斜槓青年創作體共同合作，從編劇、舞台製作到最後演出，都以在地人為基底，舞台上十位阿嬤與十位孩童，搭配著四位專業演員，在你身上的古城搭起戶外羅馬型劇場。當開場燈光打在布幕上每個女性的面龐，搭著民謠，讓許多人都紅了眼眶。

這是第一次在你身上舉辦的索票舞台劇。儘管大家還有許多不習慣，不過基於對發生在你身上的家鄉故事嚮往，卻也讓許多在地人願意於演出前一小時，在入口處耐心排隊等候。對我們而言，這些都是無價的，一點點的認同與傾聽，但願都可以幻化為一顆顆改變的種子，埋在每一個人的心中，哪天，發芽。一旦扎根了，許多的小事，都變美麗，但也會發現許多事，等著去被改變。

自己創造喜歡的地方環境

融入地方生活的我們，漸漸發展成合作社的模式，根據專案的需求來組成不同的工作團隊，時間彈性，閒暇時，就直奔海邊浮潛、曬太陽、騎單車。我們常笑著說自己是很幸福的Freelacer（自由工作者），坐擁著大山與大海。想要學習新知識，我們自己找藝術家來駐村；想要運動健身，自己組成了訓練班；想要電影院，自己揪人播映會，因為喜歡這樣的生活，就努力創造自己喜歡的環境吧！

很多人說你「身上的土很黏，一旦黏住了，就離不開了」，不論年輕人們來到這裡的理由是什麼，但共通的是，他們喜受這裡的自然、文化與生活，只是在找個留在你身上的理由，落地生根，安居樂業。

兩年多下來，我們組成了一隻半島大聯盟，超過十多位的夥伴，從開始質疑留下來的理由，到漸漸的都找到了屬於自己的理由，有人從發片音樂人當上了民謠藝生，跟著張日貴阿嬤學唱民謠；有人成了專職的插畫家，正準備出版一本音樂有聲書；有人做起了聲音設計，把半島的聲音混入創作。我們，在你這座珊瑚礁島上的部落，屬於音樂人的島嶼上，成為島民，居住了下來，相互陪伴。

只是在找個留在你身上的理由，落地生根，安居樂業。

住在其上的人，
也許不識字，
卻也能三步成詩，
將生活轉化成四句聯，
唱進恆春民謠的曲調。

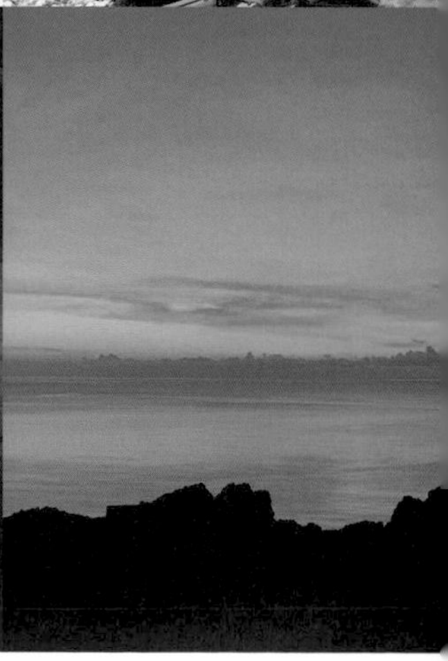

TO 富里

TITLE 你喜歡現在的改變嗎

文字—鍾雨恩
圖片提供—林靜怡

PEOPLE DATA

鍾雨恩

1985年出生，童年在富里長大，直到小學才北上求學，也在台北完成了社會福利碩士學位。回鄉這幾年，和父親共創「天賜糧源」有機米品牌，也和地方年輕夥伴共同籌辦「穀稻秋聲—富里山谷草地音樂節」。

給富里：

對我來說，你——富里，很特別，是充滿兒時回憶，又夾雜錯綜複雜的關係。

小學一年級以前的記憶都在這裡，那時候我眼中的你，似乎很小，幾乎就只有老家前的那個院子、隔壁的堂兄弟姊妹、我們在村莊裡土地公廟爬上爬下的畫面，還有肚子餓時，去拐個彎那間總是賣過期麵包的雜貨店……我的生活就是這樣的小圈圈。印象中，村里間大家都很熱情，到處串門子，連下雨在院子中摺紙船，都可以玩上一個下午。

凋零遠去的童年村里

十年前，因為父親生病的因素，把我帶回來重新認識你，才赫然發現，原來你如此大、如此深不可測。村外的世界好精彩，富里的每個村莊都自成一格，別有洞天，要不是彎進小道，怎麼知道還有個像世外桃源的地方？

FULI

山的那頭，有原住民為了傳承及述說先民的智慧，而繼續耕作的百年水圳及梯田；市區街上，有著30年歷史的早餐店、百年宣教歷史的老教堂、保存完整的瑞舞丹大戲院，以及居民們習慣一邊聊天一邊洗衣的洗衣亭。在這樣的時空背景下，存在著許多老舊的記憶及空間，這是我重新認識的你。

讓我覺得改變最多的，莫過於村裡那種充滿生氣的氛圍不見了，過往大家串門子的時刻消失了……這戶阿嬤年紀大被接去台北住，那戶阿公年紀大也被天國給召喚，村里間好像少了什麼？我只能無奈用凋零來形容你。

不安於現狀的我，不願看你這樣逐漸老去，在這個以稻米為主的傳統產業鄉鎮，總期待有更多人認識你，看到你嶄新的面貌。2015年我鼓起勇氣和幾個夥伴大膽的說，我們要在這裡辦市集，推廣富里的物產。雖然被人潑了冷水：「誰會大老遠，為了參加市集跑來富里？」我們仍然不放棄，單純覺得你的美，不亞於隔壁鄉鎮，你的內涵更值得分享。

用音樂和農村價值向外連結

借用里山精神保留下來的大山大田地景、打著台灣有機耕作密度最高鄉鎮的名號，結合了富里在地的音樂人，然後向外連結，意外地把這個單純想要推廣家鄉農產品的活動，變成了現在大家每年期盼的「穀稻秋聲—富里山谷草地音樂節」。就這樣，幾年來把Suming、林生祥、陳建年、陳明章、陳昇……帶來認識你，透過音樂，傳遞農村的價值；透過音樂，讓大家看見你。

即將邁入第六年的穀稻秋聲音樂節，也絞盡腦汁想可以帶些什麼給大家，不管是來歌唱的朋友、來玩的朋友，總希望每年都可以發掘出你身上的新感動，完成這些事情的不是哪個功臣，而是每年一起參與的「每一個你／妳」。

回想第一年時，吉拉米代部落的大哥說：「整個部落都去音樂節了啦！」老的來跳舞、壯的幫忙交管、少的又表演又賣東西。這些年就真的是這樣，整個富里都動起來。一貫的精神，就是讓每個人都有機會參與，能在音樂節付出一點點。

富里，很特別，是充滿兒時回憶又夾雜錯綜複雜的關係。

去年有個孩子跟我們說：「為什麼今年沒有邀請我們學校表演？」我們回他：「你們學校去年來過了！」但孩子帶著失望的語氣：「那是我們學長姊啊！」我才

驚覺，穀稻秋聲音樂節不僅只是活動，對他們來說，也不是一個表演而已，是一個孩子自信展現家鄉認同的機會。

除了我是客家人外，這裡還有原住民、閩南人、甚至是新移民，你如此具有包容性，讓我們可以展現各自的風土民情，也因為這樣，穀稻秋聲不是只有音樂展演、農產品推廣，更是分享我們生活的舞台！因為生活，因為住在這裡，也才有機會慢慢體悟走過的歷史軌跡，探尋著你的故事。時間永遠不會停留，所以我們要讓更多人認識你，想改變大家對你的看法。

後來發現
我們更在乎
「當下怎麼做？」

寫下我們在一起的故事

「開始行動，做就對了！」會這麼說，是因為常常被問起，這群人到底目的是什麼？願景是什麼？夥伴們經常你看我、我看你，回答不出來，後來發現我們更在乎「當下怎麼做？」。透過在這裡的生活實踐，慢慢建構圖像，或許五年、十年後，我可以更大膽地說出對你的藍圖。滾動式的檢討、去修正步伐，像是建房子一般，重新形塑，讓大家認識不一樣的富里！

其實一直沒有機會問，你喜歡現在的改變嗎？「喜歡吧！（先幫你回答）」即便這幾年地方上還是有些立場分歧，但至少不變的是，大家希望你「被看見」的目標是一致的、是很明確的。你應該跟我們一樣，急切地希望喚起大家重新認識土地，讓在地方一起努力的小人物們，扮演好自己的角色，不論是農夫、老師、民宿主人、市場的攤販、早餐店的阿姨……和一直包容我們的你——富里，寫下「我們在一起」的故事！

最後想說的是，我本來很埋怨老天爺，為何父親善待你、也關心你，但去年還是因為生病被帶走；但當我提筆寫下這封信給你，赫然發現，或許思念太多，感謝也太多，我已經不能沒有你。

謝謝你，富里，讓我把埋怨轉為力量，繼續往前的力量！

對他們來說，
也不是一個表演而已，
是一個孩子
自信展現家鄉
認同的機會。

穀稻秋聲
Fuli Harvest Music Festival

移居，是一種貼近當下處境的選擇

移居，不是尋找一個安居的住所，而是「到」一個跟身心頻率接近的地方，之後非預期的未知才開始發生。會說「到」，是因為不是隨機移動或找尋，移居的前提是必須很清楚地認識自己的身心狀態，於是「到」成了一種貼近當下處境的選擇。

移居到現在，我的生活重點從工作移轉到自我的野放，在大自然的環抱下，持續辯證、摸索出屬於自己的生活與生命頻譜。

口述—曾泉希
文字整理—曾怡陵
攝影—Kris

Another Life 移住者告白

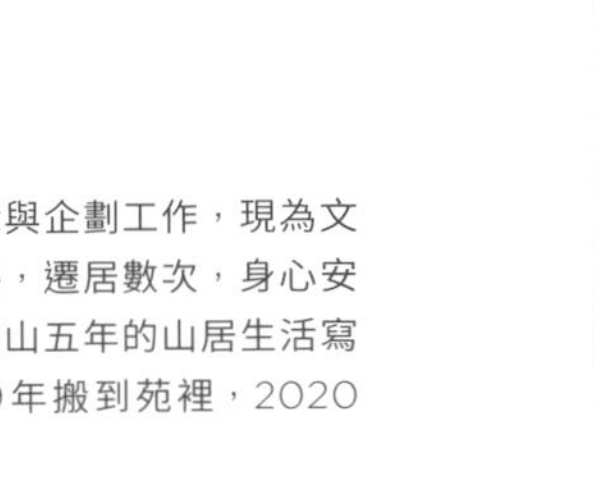

告白者

曾泉希

曾從事建築設計雜誌的編輯與企劃工作，現為文字工作者。喜歡植物和走路，遷居數次，身心安放地即心之所趨。曾將陽明山五年的山居生活寫入著作《植氣生活》。2019年搬到苑裡，2020年開設植物主題書店。

對我來說，時時走到山裡面才是生活的主軸。

出社會後，我在室內設計雜誌社做編輯，後來到《Egg》雜誌做了七、八年，身心都敗壞了。有一陣子，我住中和的大廈，家裡全是紙箱，一直在打包，想離職又離不掉。打包半年，覺得若遲遲沒有動作會離不開台北，雖然熱愛當時的工作，可是不喜歡那個節奏，決定辭職，回高雄老家吃老本窩著，朋友說這是避難。那時只做三件事：第一是開始吃素，因為患厭食症，什麼都吃不下，只有簡單烹調、能夠呈現原味的食物才有辦法入口；第二是練身體，每天不定時跑步；第三是沉浸在奧修、克里希那穆提等New Age的靈性書籍中。

當時我一直在思考：生命的內容到底是什麼？當我不工作，讓一切都停擺，最有興趣的事情就會浮現。沉潛期間我時常剖析自己，很喜歡那樣系統重整的狀態，後來變成耽溺在自我挖掘裡，覺得繼續下去也不錯，但也不想把經濟的問題拋回給家人。

後來，錢差不多花光了，還是要謀生，又搬回台北。那時對場域的敏感度提高很多，住家環境盡量找接近大自然的地方，我很需要被

把場域當成主角，而我是進來幫忙看顧與整治。

自然籠罩。我搬去了唭哩岸，那裡有丹鳳公園，鄰近一座很美的湖，爬上去是軍艦岩，從那時開始自由接案的生活。之後又搬到附近的石牌，在後陽台種的紫藤恣意攀爬，讓房東有微詞，我就決心一定要住在可以種很多植物的地方。

一次跟朋友爬陽明山看到租屋訊息，就從石牌雇了兩台計程車把東西搬過去了。那屋子是開門見山，大屯山就在眼前，每天在森林裡散步、摘野花、野草。對我來說，時時走到山裡面才是生活的主軸，每個月把房租扣一扣，再計算要接幾個案子就足以維持生計，過著任性的生活。五年後，因為屋主對空間另有規劃，我又開始尋覓居所。

會移居苑裡是因為我男友是苑裡人，我十幾年前就滿常坐火車找他。即便他現在搬去台北，我還是時常來回苑裡，也跟一些在地人混很熟。有對姊妹是我的好友，其中一位去年選鎮長落選，我去看花博時回程想去安慰她，在那時意識到，苑裡是一個我很愛的地方，於是請她幫忙留意環境好的空屋。

她找了三間，拍了目前這一間的影片給我，但一直聯絡不上房東

和里長。我說我超想來看現場，有一天就衝下來，恰巧在屋子入口遇到房東，我們從中午一直聊到晚上11點，當天她就決定租給我了。這是一個50年的老宅，我其實沒有特別喜歡三合院，舊跟新比起來，我比較喜歡現代建築，我喜歡這裡是因為房子周遭有空間可以種東西，房子比較像是附帶的。

但搬來沒多久，我就得了皮蛇，原因是出現太多沒有預期的事情。比如，我種了很多植物，需要費時照料，像菟絲草不斷纏繞，野莧菜太過茂密，得趕快拔除，時間上有點被植物宰制，這不是怨言，只是如果想讓它們長得好，就沒辦法放任不管。加上我那時睡不好，鄰居養了三十幾隻放山雞在這裡，每天分三個時段在我的窗口吵，我根本睡不著。我跟房東說，我已經需要安眠藥才能入睡，後來是房東找移工來抓，居中協調，擺平這件事。

我才發現生病是釋放恐懼與壓力，當新生活還在建置中，那時的恐懼是怕被打擾，被迫改變生活作息。後來一直在思考，有什麼介面會讓彼此的關係變得舒坦。這個三合院只有我一個人住，空間太大，而我又喜歡植物類的書，所以綜合空間跟人為因素，把它變成一家植物主題書店，讓人與人之間接觸的介面變得比較聚焦。完全是因為這個場域，我才想這樣做，一開始並沒有任何預期。這樣的想法，似乎把場域當成主角，而我是進來幫忙看顧與整治。就像住在陽明山，被群山環繞，身心被驅動走入森林裡，是自然不過的事。

在幾番移居的過程中，也越來越明白自己的生活是要邁向更荒野，與大自然一起。

經營書店是件有趣的事，因為連一個月要賣100本書都成問題。我是獨立書店聯盟的成員，聽說有書店一個月曾經飆到300本，這是很少的數字，所以書店幾乎都兼賣咖啡。我的書店在六月才正式開放，也在思量我有沒有辦法賣100本，朋友就說如果賣100本，那就是前三名了。我好奇怎麼可能光賣書這件事情會運作不起來，想實驗新作法，像誠品敦南會熄燈，表示書店經營一定有客觀性的困難，但應該還有很多可為的事。比如朋友託我為他朋友選書，我就會思考他朋友的職業、生命狀態等，選完書再寫選書的原因，這件事情就會變得有意思。

週六、日開書店，平日則是我自己的時間。生活主體延續先前在陽明山的向度——走路和看植物，工作則濃縮在很短的時間內完成。只是現在開了書店，這些書讓我變得目不暇給，每本書至少要知道重點，才能夠介紹給別人。書店剛開時，我的房東買了100本我的書分送給鄰居，所以他們對我是好奇的，但我其實不認為一定要把某些身份端出來，才能進行人跟人的交流。彼此的互動可以是有趣的，比如說，有陣子九層塔太多，就會做

一些青醬送給他們，在實驗焦糖布丁的時候，也會與他們分享。而他們也常把剛從田裡拔出來的菜，放到我的大門口。

我目前生活中看似有規律性的，一定都跟謀生有關，比如說我的行事曆、進度表是清楚條列的，其他的部分都稱之為野放。後來覺得，謀生不是太重要，野放可以成為重心，野放沒有標準示範，因此，索性更任性做大夢，想做這做那，或什麼都不做地一直散步、晒太陽或種東種西。

不過，眼前的生活也可能會有些變動。苑裡我最著迷的地方就是蕉埔，比較不像南勢這裡的淺山，位置更深山，植物相更潤澤。好友買下一大塊地，打算賣給愛自然的人，所以我可能近幾年會先去蓋花房，也許可以種更多花草樹木，一直想找地蓋房子的心願沒料想似乎很自然就發生了。

我過去一直在移動，近幾年，只要心裡有個模糊的大方向，比如「我想種更多植物」這類沒有細節的心願一旦許下，就幾乎可以趨近想像的生活輪廓。像待過的陽明山，至今都還是我喜歡的場域，此生若有能力，那裡還是我會考慮移居的地點，隨處去走那些小山路都很美，有我很愛的苔蘚跟蕨類。在幾番移居的過程中，也越來越明白自己的生活是要邁向更荒野，與大自然一起。生活的時時刻刻，有著來自非主流意識運作下的清明感知，掙脫了旁人和自己眼中應該與必須，才稍稍體會了何謂自由感。

掙脫了旁人和自己眼中應該與必須，才稍稍體會了何謂自由感。

BOOKS & PLANTS
生活中的植書組合！

B
《蕨類觀察入門》、《蕨類圖鑑》

P
水龍骨科藍蟻蕨、蹄蓋蕨科

兩本都是台灣蕨類權威──郭城孟老師的書，前者以演化的角度切入，提供全面且系統性的介紹，後者方便種植者直接就蕨類特徵進行查詢。

植栽是我近日在田尾花商那裡捕獲的稀有種蕨類，每次去拜訪都會優先看新品種，眼睛很忙。其中一種是水龍骨科藍蟻蕨，他的特色是顯眼的肉質走莖，提供螞蟻居住的環境，另一種是蹄蓋蕨科。雖然蕨類看起來都很像，但葉子的型態還是略有差異，愛蕨類的人看到一定會驚喜。

B
《絮語四季》

P
貓鬚草

作者D.C. 皮阿提是科學家，但筆觸感性，文章生活化，且兼有科普知識和美感。不需要透過看生硬的工具書，才能知道植物演化的原因。他記錄自己走過四季，在大自然中發現的生態，跟我自己種植時下野花草的情境相應，特別觸動我。貓鬚草是我在建國花市看到的，有著貓鬚般的細垂花絲，也許因為造型特異不是大眾款，並不太被青睞。貓鬚草一入土就大爆長，是多年生草本，尤其夏季抽花茂盛再加上放了秘密武器在土裡，是我近幾年偏愛的紫花植物。

走進地方

INSIDE of PLACE

盧昱瑞

高雄人，畢業於台南藝術大學音像紀錄所，以捕捉影像為志業。2005年開始拍攝紀錄片，題材大多圍繞在海港生活的人，偶爾也關注老房子和文化資產等相關議題。

1

鐵皮屋探奇

內溝仔的舢筏工寮

或許這些工寮只是非常普通的鐵皮屋，但我卻對這風景十分著迷，甚至對這樣的河港聚落景觀充滿無限的想像。

「他們一同沿著路走上去，來到老人的小屋，通過敞開的門走進屋內。老人將捲著帆的桅杆靠著牆，男孩把箱子和其他漁具就放在一旁。桅杆長度幾乎和整個屋內同長。小屋是用棕櫚樹堅硬的嫩芽護殼所搭建，屋裡有一張床、一張桌子和一把椅子……」

這段文字是海明威在《老人與海》裡面，頭一次描寫老漁夫聖地牙哥的海邊小屋，故事中的男孩常來小屋幫老漁夫整理漁具和閒聊生活瑣事。眼前這排有機交錯的河岸鐵皮工寮，每間好似也略帶一些聖地牙哥的無奈與滄桑。

這地方是高雄茄萣興達港的內港（內溝仔），亦是茄萣大排的出海口，站在茄萣橋上向南望去就能一目瞭然。1977年政府將潟湖闢建成近海漁港，1986年開始擴建遠洋漁港；內溝仔就位在近海漁港和遠洋漁港的中間，成為在地舢筏停泊的專區。此河道長有1.3公里，寬約55公尺，東岸是海茄苳河岸植被，西岸就是舢舨與膠筏停泊區，船主們各自打造木棧橋和工寮，因每人的漁船大小和所使用的

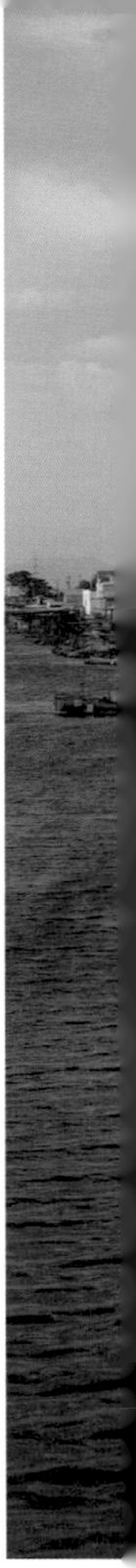

捕撈工具都不同，二十多年來形成了高低錯落的河岸有機聚落。

工寮的鐵皮大多是便宜耐用的清板，屋梁主結構有柳安角材或C型鋼，端看建物的規模大小來考量，也有漁民直接用20呎貨櫃改造，挖一扇門和窗，裡面就可以堆放漁具和小憩。

台灣四周圍的漁港，其實也都有類似的舢筏聚落，但沿著河岸綿延的就較為少見，在2010年以前援中港典寶溪畔也有上百艘的舢筏聚落，是我求學時垂釣看日落的好去處，後來被海軍徵收為軍港用地就消失無蹤了。而在整個東南亞地區如泰國、柬埔寨、緬甸、越南、菲律賓、印尼、馬來西亞……等地，這類河岸聚落的干欄屋或吊腳樓也相當普遍，船筏是漁民主要的交通工具，全家人的起居空間就在棚屋內，潮汐漲退就在屋腳下日夜更迭。然而世上最大的河岸聚落應屬Macoco貧民窟，位在奈及利亞海港城市拉各斯的潟湖上，當地居民靠捕魚為生。雖被稱作「非洲威尼斯」，但生活環境卻完全天差地遠。

不過當日出映照在內溝仔的舢筏工寮時，金黃耀眼的鐵皮屋和木棧橋卻讓我聯想到日本的伊根町舟屋，一個保留江戶時代風味的古樸海灣聚落。當然，這樣的類比也是天差地遠。但畢竟舢舨船或竹筏都是頗具台灣特色的船舶，如果舢筏工寮的構造形式和建材能更和諧統一，整體已被污染的河岸環境再淨化一下，應該就會成為頗具特色的景點吧？

「順路而上，小木屋裏，老人又沉沉地睡去。他依然臉朝下地趴睡，男孩就坐在他身邊守候。此刻，老人又夢見了獅子。」

這是《老人與海》小說的最後一段文字。雖然這裡不是緊鄰墨西哥灣的柯西瑪漁村，也沒有馬林魚可以拼搏，不過緯度和氣候卻相當接近，不知內溝仔工寮裡的漁民又會夢見什麼呢？那日清晨剛進港的漁民在綁著紅蟳時突然驚訝地發現說：「今天海水變清了，內溝仔三米深下的泥沙和魚群全都看得一清二楚耶，好像在作夢一樣。」

唱自己的歌，把在地的記憶種進心底

台南・口埤實驗小學

黃怜穎
寫字、採訪、編書，也做美術編輯。7年前從台北回到台南工作生活、練台語，喜歡以文字和影像觀察事物的連結，喜歡廟宇、咖啡和閱讀。深信「書可以帶你去任何地方」。

1 在學校附近的大坑農場進行在地遊學的二年級生。 **2** 正在思考著，待會要不要走吊橋的孩子們。
3 黃永源里長正在講解大坑尾遶境民俗「擔飯擔」。 **4** 蔡俊仁老師帶畢業班到虎頭埤移地上課。

位於台南新化的口埤實小今年正好滿100歲。早期有八、九成的孩子來自西拉雅，百年來皆維持全校一個年級僅一班，共六個班級的規模。

目前全校有74個孩子，約一半有西拉雅血統，除了來自當地，也有的是認同實驗教育理念，而遠從台南東區、永康、新市、安定、安南區等地往返，形成了可能是全台國小最早上學（7點50分開始社團課）、最晚放學（4點之後課輔與活動多，留到5點半）的景況。近年來，學校以結合社區產業、文化信仰和鄰近新化林場、大坑農場、虎頭埤等自然生態的在地遊學，及開辦多達22個的社團，搭起孩子探索自己和世界的橋。

1950～1970年間，口埤的西拉雅孩子參加新化鎮運動比賽棒球、足球、田徑等項目，比到最後都是拿全國獎的，新化地區規模較大的新化國小、大新國小，只要遇到來自口埤的對手都會升起怎麼跑都跑不贏的恐懼。在早期重視升學與讀書風氣之下，迎來「頭腦簡單四肢發達」的中傷批評：「番仔就是番仔，很會跑步，但讀書沒辦法」，1983年2月，一紙公文到學校來，口埤改名為口「碑」國小，當時的縣長和校長期望藉由改校名、以有口皆「碑」的新名字翻轉學校風氣。

「黨國體制下，當時社區敢怒不敢言，會覺得奇怪，為什麼要改成跟這裡一點關係也沒有的口碑？以為改成『口碑』很好？民間都故意用台語講成『哭爸』。」校長王朝賜生動地說起這段故事。校名改名後的近20年間，隨社會風氣改變，尊重在地聲音的意識逐步凝聚，2014年他來到口埤國小，面臨的第一件事：社區希望能把標記著地理特色的原校名改回來，學校也正進行改制為實驗學校，正式校名需從國小變實驗小學，周邊的大坑里、礁坑里、知義里、東榮里對於改回校名都非常贊同。2016年8月，「口埤」回來了、全台第一間西拉雅實驗小學出現了。

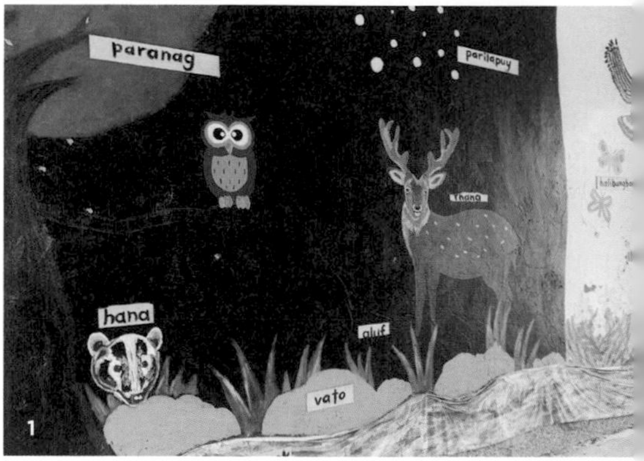

1

2

實際的生活經驗，就是有用的知識

近400年前，荷蘭人佔領南台灣，最先接觸到的原住民就是平埔族中的西拉雅族。身處西拉雅部落裡的口埤實小，傳承西拉雅文化成為核心精神之一。每週每班都會有一堂西拉雅語課，把認識土地和歷史的線，一點一點接往400年前台灣與府城的起點。

部落也有漢人比例較多的社區，台語也在學校的每週課程裡，孩子們從一年級開始學台語、西拉雅語，皆使用教育部台羅系統國際音標，有七、八成的音跟英文完全相同，使得來自印尼、菲律賓、越南等國的新住民家長，竟也開始跟著孩子帶回家的教材學台語、西拉雅語，從國際音標裡起步實踐「越在地即是越國際」的語言傳承，意外成為推行課程的附加好處。學校做為文化交流平台，從語言認識根於在地的西拉雅文化，其實也在培養孩子們瞭解後進而能尊重其他文化。

王朝賜更談起：「實驗國小的第二項核心就是『進步主義』。不用教他太多，就帶他到環境之中，學習應該來自實際的生活經驗，做中學、觀察體驗。跟我們小時候學習無效知識的方式不同。」好比帶孩子到花園，有人找到甲蟲，有人找到蝴蝶，有人會想分享一朵花，這些全部都是自己觀察後找出最美麗的事物，「他如果活到90歲，我們再來問他：『還記得你9歲的時候在花園找到什麼嗎？』他一定記得，那就會是有用的經驗和知識，

1 這裡的孩子用西拉雅語認識山區的動植物。 **2** 放學後，師生繼續留在學校練棒球。
3 校內的樹屋圖書館，環繞著大樹建造。

我們認為這個是可以放在心裡面很久的，是實驗學校的核心。」

用味覺和情感認同在地

這天上午，二年級到鄰近大坑農場進行「在地遊學」，農場裡的動物植物都成為孩子們認識生命的導覽員。爬山、走步道、吊橋與攀爬木頭遊具的過程，體育課也改在農場裡進行，老師顏雪如在遊戲當下引導孩子們的肢體動作施力點，沒有催促同學，而是鼓勵、陪伴著小孩爬完關卡：「來！一二三！屁股夾一下就上去了！」或是在走吊橋前，見她對著孩子們說：「不想走的先在旁邊觀察看別人怎麼走，如果你有興趣，我們隨時都可以加入喔。」溫柔同理當下的不想放棄，怕走吊橋、懼高的心情也不被勉強，一步步都讓小孩能活成自己的模樣。

午飯前的醃漬酸筍體驗，從剝竹筍到依循步驟放鹽攪拌、加水入罐，每個小孩都能帶一罐親手做的酸筍回家，放置陰涼處七天之後可取出炒菜或煮湯。幾個在地小孩，嚷著在家早就幫過阿公阿媽剝竹筍，餐桌上的竹筍是再自然不過的口埤生活經驗。

而當天的午餐，是大坑聖母宮媽祖每年元宵節遶境才會有的「飯擔」鹹飯，是居民以雞肉、豬肉等在地食材，用大灶燒龍眼木煮成鹹飯、湯品，放置竹籃裡以扁擔擔到廟埕前與眾人分享，近百年的「新化大坑尾擔飯擔」，現今已登錄為台南市民俗文化資產。聖母宮主委

畢業班在走路回學校的路上，停在雜貨店休息，透過實際經驗，記憶在心裡。

同時也是大坑里里長黃永源跟孩子們介紹眼前這一鍋「飯擔」，每一口承載的是近百年的大坑尾邊境文化，平常買不到也吃不到，配上當季筍湯，一旁的辣味醬筍還是來自二年級學生陳益源的阿嬤製作。

「你必須要讓孩子去體驗，像今天他們都說很好玩，會記得二年級的時候有去吃過飯擔和剝竹筍，那天中午吃到很美味的食物，體驗帶來的收穫和感受可以保存很久。」，王朝賜這麼說著。孩子們認同在地的情感資料庫，又存進一筆珍貴的味覺記憶。

用身體探索的記憶，是未來的寶物

對於畢業班而言，在口埤的味覺記憶，其一也許來自虎頭埤往學校途中的雜貨店。

移地上課的六年級，這天下午繞著水庫騎腳踏車、在湖畔進行與虎頭埤相關的故事分享與學習單討論，錯過了回校的公車時間，老師蔡俊仁帶隊走了近20分鐘的路回學校，中途停在大夥都很熟悉的社區小店，蔡俊仁12年前教過的學生，也出現在對面的小吃店忙碌著。雜貨店小歇後，他們走著唱著，等望見一大片鳳梨田，學校也差不多到了。這一路，透過身體移動，記憶最後的小學時光。

「我們做在地遊學，也是希望孩子們打從心底瞭解地方，會去支持、對地方有感情，社區也會認同學校。不是只有社區耆老在介紹，也讓孩子和同儕有互動，孩子才會對地方有感情，自然就會把家鄉學校的東西連結起來介紹給別人，會問別人你要不要來這裡玩，這也是我們最想要的。」

王朝賜笑著說不要小看騎腳踏車遊虎頭埤和在廟埕廣場跑來跑去，孩子正是透過身體和遊戲去探索、記得一些事情——親身參與的開心記憶，都會是未來的寶物。

親愛的柏璋

收到來信，腦中立刻浮現那片神秘又酷熱的草原。經過豐沛的梅雨，火焚後的奇特植物，想必又是一片繁茂吧。

最近因為幾場暑假的生態解說，讓我開始思考夏天的意義。對我而言，若有什麼宣告著夏季的開始，應該是在某個雨季的間隙，突然響起的蟬鳴吧。蟬確實是偏愛夏季的昆蟲，我猜想這跟吸食樹液的習性脫不了關係。先前在森林系都修過樹木生理，知道樹液在夏天流動特別旺盛，把葉片產生的糖份運輸到植物各處；秋後，這些糖大致都轉變成澱粉儲存起來，想必不利於吸食。

梅雨浸潤之後，蟬就開始破土而出，記憶所及的第一聲蟬鳴，似乎總是六月初的事。開頭的序曲是鳴聲細膩如嘆息的黑翅蟬，似乎有意避開幾週後，滿城唰唰唰的熊蟬合唱。熊蟬類的聲浪中，還能辨認出台灣騷蟬，高聲念著「V—V—V—」的旋律，另還有刺耳的小蟪蛄，就算窗戶緊閉，電鑽般的單音仍會破窗而入。

我曾想過高聲求偶，難道不會同時吸引天敵嗎？這大概就是夏蟬大多齊鳴的原因，創造了群體的音場，才不容易被鎖定吧，而夏日的濃蔭，確實也創造出良好的躲藏條件。不過蟬仍然異常敏感，風吹草動都會立刻驚飛——這未必是好事，有一晚我走過山區步道的燈下，那裡聚集了許多趨光而來的熊蟬，當其中一隻被驚起，林間突然撲出一隻巨大的葉鼻蝠，精準叼住了蟬，還沒回過神，蟬的慘鳴已在黑暗中遠去。

其實台灣各地都有獨特的蟬，倒不是習性有什麼不同，而是鳴叫聲產生了區域性的方言，最終造成

FROM
瀚嶢
台北・新店

陽明山暮蟬

Tanna sozanensis

生殖的隔離。在台北近郊，午後的霧中，或傍晚的斜陽下，總會響起一種淒切而孤獨的蟬鳴，那是東北區特有的陽明山暮蟬。學生時期的山林印象，因為這種聲音，而多了一分神秘色彩。

據說今年是美國十七年蟬的出土年，若按比例，出土後的蟬，已算是老年了吧。那些土中的若蟬，要依偎著樹根，待上那麼多年，若植物沒有健康成熟的根系，大概是很難生存的。儘管台北仍有不少綠地，但近年似乎越來越偏好臨時的花圃或草坪，行道樹則頻繁移植，許多社區更因擔心風災而在夏初大幅修枝，這都會大大削弱樹木的生長，因而雙北市區的樹，可能已逐漸缺乏健康的根系，來支持一隻蟬的童年甚或青春了。而要是缺少了蟬鳴，夏天會是什麼樣子呢？

預祝八月的活動順利。

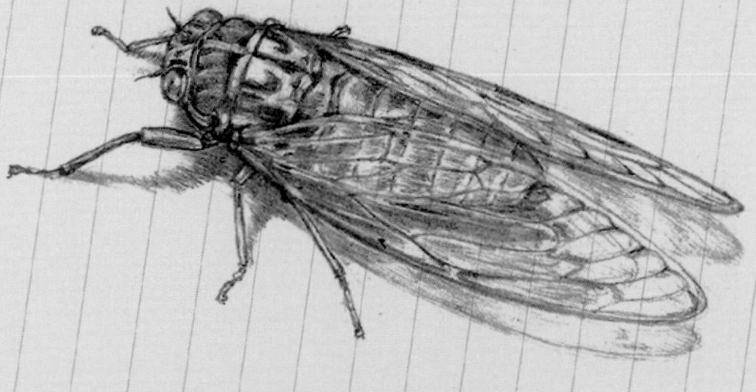
陽明山暮蟬體型不大，
整體褐綠相間，又總愛在低光度
的時刻鳴叫幽淒的聲音，頗有神祕感。

黃瀚嶢

生長於台北，在城市間隙發現觀察野地的樂趣，從此流連忘返。森林系畢業後，從事生態圖文創作與環境教育，經營粉專《斑光工作室》，靠著偶爾路過的靈光努力生存。

親愛的瀚嶢

悶熱異常的夏日，我把車子停在竹東某間被森林圍繞的超商前，在駕駛座上擺好最舒服的姿勢，細細品味你的來信。

時值日落前夕，搖下車窗，潮濕厚重的空氣緩緩流入車內，我閉上眼睛享受山村的味道，蟬鳴便在此刻響起，由遠而近的集體音場黏稠綿密，把鄉間的寧靜襯托得毫無違和。

天色漸暗，蟬鳴漸歇，在溫熱的空氣中，超商的燈光引來許多趨光昆蟲，數量最多的是一群帶有翅膀的螞蟻。讀信時，我還在思考，對我來說夏天的代表是什麼呢？或許正是飛蟻吧！玻璃上這群飛蟻，橘紅色體表泛著油亮光澤，體型比一般螞蟻稍大些，不時轉動翅膀，看來是趁著好天氣出巢婚飛的蟻后們。

每個人對「好天氣」的定義不同，對螞蟻來說，或許是空氣凝滯、氣溫偏高、濕度上升的日子吧，總之，是脫離不了夏日元素的。我以前總好奇，巢與巢之間的單身蟻該如何配對呢？後來才知道，夏季雨後的濕熱空氣猶如信號彈般瀰漫開來，單身蟻將不約而同地傾巢而出，在空中上演相親大會。「婚飛」便是牠們在空中集體交配的優雅稱呼。眼前在超商玻璃上群聚的蟻后們，就是今日這場婚飛典禮中的女主角了吧。

回想起小時候，我總認為螞蟻只有三種，分別為紅螞蟻、黑螞蟻和白蟻，牠們是阿嬤廚房裡外最常出現的小生物。長大後，我才勉強接受白蟻跟螞蟻屬於不同生物類群的事實；再接著，我吃驚地發現，台灣野地裡居然存在兩百多種螞蟻，平時蟄伏在地底、石縫、樹枝、人造物等空隙中建立的幽暗巢穴裡，即便我們偶爾能觀察到列隊覓食的工蟻，

FROM
柏璋
新竹．新竹市

或是夏日婚飛的單身蟻，依然難以窺探蟻族全貌。

上個月，我為了準備一堂樹皮布的課，前往市郊採集構樹。正要剪下枝條時，一群螞蟻倉惶亂竄，同時高舉水滴形的腹部作勢攻擊，逼得我趕緊收回枝剪。順枝幹望去，原來是懸巢舉尾蟻正從樹枝分岔處的球狀土巢裡，源源不斷地湧出；再細看，才注意到枝條上有幾隻正在吸吮樹液的介殼蟲。面對會畜養介殼蟲並吸食其蜜露的懸巢舉尾蟻，我居然差點帶走牠們的「乳牛」，只好換剪另一段枝條。

超商玻璃上的飛蟻，經比對後確認是懸巢舉尾蟻。沒有明顯水滴形腹部的蟻后，還真難跟小工蟻聯想在一起呀。不曉得今晚，被燈光吸引的單身蟻們，是否都能配對成功呢？

期待這個月的雪霸YouthCamp。

懸巢舉尾蟻

Crematogaster rogenhoferi

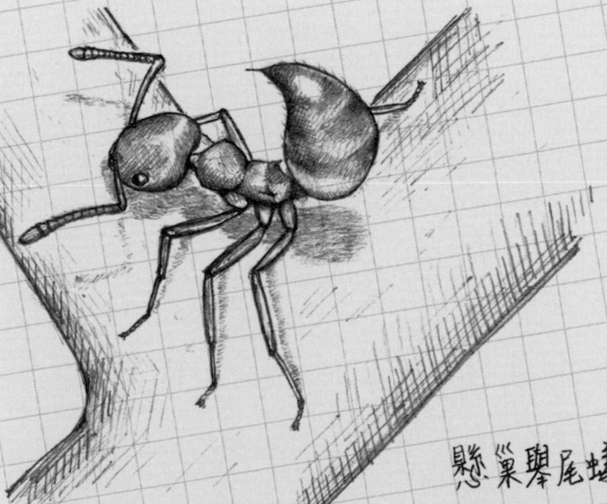

懸巢舉尾蟻的小兵(工蟻)，
禦敵時會把水滴形狀的腹部
高高舉起，架式十足。

陳柏瑋

熱愛山、攝影與書寫的野外咖，時常帶著相機與紙筆，在野地裡打滾整天。目前與一群好夥伴共創森之形自然教育團隊，試圖在人們心中埋下野性的種子。

吳倩紅

喜歡畫畫，偶爾設計。從握筆畫畫的自由工作者到誤打誤撞多了一個社區工作者的角色。日常的工作基地在「大家書房」，歡迎來坐坐喔！

4 村里紀行

在移動的故鄉 安居樂業

無論是機器或人，都有需要暖機的時候。

這陣子，日子裡有許多新鮮事，其中最得我心的，就是用電鋸機鋸木頭。開始鋸木前，得先量妥尺寸，畫上參考線，更講究的會帶上耳塞及護目鏡。啟動按鈕前，必須讓機器與木板保持些微距離，留點空間是必要的，讓機器原地運轉，再前行，前進的路上需要一些耐心，太快容易偏離軌道，太慢則考驗消耗中的臂力，保持中庸，是木工小菜鳥理出的鋸木之道。

為什麼鋸木頭？因為和夥伴正在著手整理村子傳統菜市場內的一處小空間，醞釀著完工後做些有趣的事。空間施工中，名字倒是先取好了，叫「村暖花開」，開門見山說「村子暖和，花就開了！」

2

1

1 巷弄裡總有驚喜，比方說不期而遇一隻小貓。 2 村裡孩子們總喜歡在書店的黑板牆塗鴉創作。

不長不短的生活樣貌

這裡是台中大雅忠義社區，一個典型的眷村。我與這村子的一切，可以說是以獨立書店「大家書房」為圓心，向外延伸、展開。往返我家與書店的距離約莫五分鐘車程，這一來一往，不知不覺邁入第五個年頭。五年不長，不比村裡小曹姊家用來浸泡酸豆的老甕中，那老家相傳的鹽水還要悠久；五年也不短，不比近日駐足鄰居小胖哥家門外植物上的黃斑蝶，從產卵再到羽化成蝶的時間來的短。這不長不短的時間裡，還算足夠讓人堆疊出一些因地而起的生活樣貌。

細數在這的日子，想起的多是些微不足道的小事。某天大雨過後，跟著排灣族的小女孩一起到公園抓蝸牛，你以為是場生態探險，事實上那些蝸牛是要帶回家給vuvu（奶奶）做蝸牛飯的。另有次過年前夕，在村裡巧遇住在書店附近的張阿姨，她蹲坐在火烤中的鐵桶旁，桶子內裝著比臉還要大的方形粽子，阿姨說那是廣西老家的粽子，打算做來分送給親友的「思鄉料理」。還有次，聽著村裡少女跟我們分享放假時和媽媽一起回越南家鄉的趣聞，聊著聊著，竟促成一場少女版的越南春捲料理教學活動。這裡是個「移動的故鄉」，住著隨不同時代背景落腳此地的人，移動的人在這裡寫下一篇篇移動的故事，而我，慶幸自己也參與其中，成為日常。

上工前的社區巡禮

每天早上，騎著機車從住家前往書店的路途，首先經過村裡最有名的眷村餐廳「復興餐廳」，餐廳斜前方有個涼亭，每回經過，總會看到戴著國旗帽的老人家在那兒乘涼。機車行駛在村裡最長的一條路「月祥路」，沿著路的兩旁矮房直行，於「信義路」左轉，轉角有間傳統雜貨店，夏天步行到雜貨店，望著透明冰櫃挑選冰棒，是炎夏的必備行程。

再往前是「汝鎏公園」，望向公園那棵偌大的苦楝樹，一旁有棟老房子，大大的落地窗上寫著四個紅色大字「大家書房」。我在公園旁的理髮廳前停放機車，走過一天幾十個阿兵哥排隊理髮的熱鬧年代，而今取而代之的是時常坐在店門外，手拿扇子，悠悠地搧風的理髮廳阿姨三姊妹。偶爾，停妥車，後方會傳來隔壁裁縫店阿姨的呼叫聲，喊「小菈，有你們的信！」，因為神秘的緣故，我們的信件常出沒在裁縫店阿姨家。大約再步行100步，即可抵達目的地，步行途中可見四隻與世無爭的狗，懶洋洋地躺在公園樹下，是附近洗衣店家的多多、毛毛、阿花、小狐狸。與狗兒們道早，走進大家書房，開始一天的工作。

飛機劃過公園上方的藍天，聽著聲音辨別這回是客機還是戰機，日子，從這些細細瑣瑣裡感受到踏實。暖機完畢，準備上工！

3 這裡是「大家書房」，大家的書房。 **4** 靜謐的汝鎏公園大樹下，專心畫圖的小男孩。

漾食工作室
殷媽媽眷村滷菜
81
早間市場
有好多好吃的東西！
忠義市場
歡迎來坐坐！
村籽工作室
仁愛路
大家書房
大家書房
王媽媽早午餐
王阿姨的店內還有卡拉OK可以唱歌。
我在這個村子的起點
小胖哥是生態觀察家
宋姊是村裡「共好菜園」創辦人
看飛機民宿
阿姨包的吉拿富(小米粽)好吃！
雅士得茶行
小胖哥、宋姊、卡卡、黑老大、黑妹、白靈
信義路
遠全商店
「生活很艱難，填飽肚子，繼續幹！」
—孟奶奶的精神
月祥路
穿梭小巷來到美麗的步道
潭雅神自行車步道
復興餐廳
戰車公園
汝鎏國小
中科實驗中學
清泉崗軍營
移動的故鄉
移動的人們

往台中清泉崗機場
中清路
忠義社區發展協會
共好菜園
滯洪池
司令台
每年元旦，村裡都會有升旗典禮。爺爺們會一起來到司令台。
不使用農藥
友善環境
果菜共享
聖潔教會
原住民綜合服務中心
信義路
芒果冰沙無敵！
五六六雞排茶飲便當
喜臨門軍用品店
汝鎏公園
小孩的爬樹日常
可以挖寶的地方。
郵局
每天都要走13圈。（手中必備計步器）
工作室的信件時常被寄到阿姨家。
日日新洗衣店
裁縫店
美冠理髮廳
阿姨們的寶貝
美冠理髮廳阿姨三姊妹
台中大雅忠義里
一個典型的眷村
忠義生活地圖
Map Design 一人青草紅

府城唱歌 無仝款

鄭順聰
作品有詩集《時刻表》、《黑白片中要大笑》，散文《海邊有夠熱情》、《基隆的氣味》、《台語好日子》，小說《家工廠》、《晃遊地》、《大士爺厚火氣》，繪本《仙化伯的烏金人生》。

插畫—Hui

滅火器的〈島嶼天光〉是台灣人耳熟能詳的搖滾曲，當KTV字幕跑出「**天色漸漸光**」要轉到昂揚的下一句時，我會刻意大唱「**咱著大聲來笑（tshiò）著歌……**」。

這時，同場的歌友都會發笑。

別笑別笑，我這嘉義人唱的可是台南的府城腔，是在地人的道地發音。請讀者與歌友們好好來聽我唱歌（tshiùnn-kua）。

不只膩，還會嘟嘴唇

說到台南腔，網路上鄉民們最熟悉的，無非是語尾助詞nih，俗字多用華語發音「膩」來標記，同時指涉台南嗜甜到令人發膩的梗（本字其實是呢）。

普遍來說，台灣各地的語尾助詞相當豐富（可以寫一本論文了），nih的確是台南人的辨識音之一，主要用於疑問句，如「睏飽矣nih」，意思等同華語的「嗎」。最本格派的台南人，如同其小吃無所不摻糖那般，感嘆發語時用nih，罵人爭執也nih，高興瘋狂的時候也nih。台南如果是曲流行音樂，nih儼然成為最響亮的記憶點。

然而，這樣的語氣詞比較屬於地方音，還不到腔口（khiunn-kháu，腔調）之範疇。談台南的府城腔，要跟其他地方的聲、韻、調，做一系統性的比對替換。這樣講太學術，請上網去看轟動一時的台南市議會質詢影片，賴清德大戰謝龍介，於脣槍舌戰中探知府城腔之一二。

時任台南市市長的賴清德，是台北萬里人，其台語已是最普遍的優勢腔，以此來對照謝龍介刻意飆音的府城腔，可以發現謝龍介稱市長（tiónn），而不是市長（tiúnn）；主張的張，是說tionn，不是tiunn。圖表一下韻母變化：

iunn → ionn

優勢腔 → 府城腔

羅馬拼音若搞得七葷八素，沒關係，我們來口腔練習。一般台語發音的「長」，稍稍撮唇透過鼻子送氣即可，府城腔則要嘟起圓唇，

才有那般的珠圓玉潤。

接下來火力全開：**和尚（siōnn）看鴛鴦（ionn），咬薑（kionn）尻川癢（tsiōnn）**，請道地府城人來唸，會發出嘟嘴四連發：尚、鴦、薑、癢。再將視線轉到本單元邊欄，「腔口微微」的羅馬拼音，若是府城腔會標註為khionn-kháu。

府城腔當然還有很多特質，以上所舉之例最洗腦。且聽南市議會的賴謝對決，謝龍介頻頻嘟嘴ionn、ionn、ionn，不斷地nih、nih、nih……。

台南腔也有很多種

繞了一大節談府城腔，是為了

唱（tshiùnn）歌，發現了沒，唱是iùnn，系統對換府城腔本該說唱（tshiònn）歌。然而，此動作是太日常太平凡的用語，口語又是懶惰的，鼻音往往脫落（最後那nn符號），就發音為tshiò，恰巧跟「笑」同音，此為府城人「笑歌」之演化論。

須知，只要口語所及的「安全距離」聽得懂，這邊掉一下，那邊省一下，有時還兩三個字糊成團（連音現象），屬正常現象。放大耳朵仔細聽，說「唱歌」的時候，其實大家鼻音也沒發得多完備，也就是nn符號脫落，tshiù-kua（手歌）去了。

而且我說的是府城腔，非台南腔，是因大台南的幅員遼闊，海邊、城市、鄉村、山上，東西南北的腔調也有細分。只因府城是政治經濟中心，部分代替全部，所以被泛稱為台南腔（註）。

為何如此說？因整個大台南地區，也「唱」不同的歌。

許多人不知道，關廟、歸仁一帶也有獨特的腔調，最常舉的例是吹電風扇，在地人的聲母tsh會簡化為s，吹（tshue）電風講成衰（sue）電風。順著腔調的風來吹，關廟與歸仁的老一輩怎麼「唱歌」？沒錯，tshiò-kua會說成siò-kua，諧音惜歌（sioh-kua）。

聲調就是台語的旋律

更有趣的來了，我乃嘉義民雄人，太太為基隆七堵人，兩地腔調用詞差異頗大。岳母很愛唱歌，客廳的KTV都唱壞好幾組了，每次她興沖沖打開伴唱機，便會大聲喊：來唸歌（liām-kua）囉！

這可不是鐵獅玉玲瓏那種，拿起月琴就哼唱起來的七字仔，對岳母這老台語人來說，唱流行歌也是「唸歌」。

遇此衝擊我反思之，沒錯，台語有七聲八調，其起伏變化就是音樂的旋律。所以，只要隨著台語的聲調，唸著唸著拉長為旋律，便唱成一首優美的歌了。

註：可參閱語言學者洪惟仁編著的《台灣語言地圖集》，將大台南地區劃分得非常細膩，研究內容包含原住民、客語、閩南語領域。

動植物地名觀察記

幾年前，我在網路上看到美軍拍攝的1940年代航空照片，拿去和叔叔分享。叔叔看著照片一一指點著「陳厝」(Tân-tshù)、「菜園仔」(Tshài-hng-á)等地，只有在地人知道的小地名。

在我出生時，劍潭老家隸屬台北市，但那個年代的劍潭還是鄉下地方，小學的操場直接連結稻田。稍長，搬到大安區，見證台北東區的快速發展，剛通車的仁愛路晚

賴進貴
台灣大學地理系教授，專注地圖與地理資訊研究。出生於台北劍潭，成長於台北東區，見證台北都市變遷發展，積極推廣生活化地理，投入教科書研發，且為教育部課綱訂定委員。

插畫——Hui

上有噴水和燈光秀，國父紀念館在一片稻田中動工興建，高中軍訓課去打靶的六張犁（目前的信義計畫區），當時仍是一大片水田。

古老的景觀逐漸遠去，然而許許多多的地名卻延續下來，透過和動植物有關的地名，似乎可以看到早年的台灣。即使景觀已經不再，然而一個個地名卻留下恆久的記憶。

鹿、牛、羊，見證農業開發歷程

想像早年台灣，「鹿」是非常重要的動物。「一府、二鹿、三艋舺」淵源甚早，鹿港這個中部港口每年輸出鹿皮可達十萬張，可以想像當年台灣有多少鹿嗎？

清康熙年間繪製的台灣輿圖，特別記錄先民捕鹿的景觀。原來國家地理頻道所播放的非洲草原景觀，數百年前曾在台灣土地上演過。台灣和鹿有關的地名不勝枚舉：鹿寮坑、鹿仔坑、鹿窟、鹿谷、鹿湖、鹿仔埔、石家鹿、白鹿、鹿鳴等，全台聚落地名包含「鹿」字的有155個。

倒是有一個需要特別說明的地名——台中海線重鎮「沙鹿」，地名源自原住民語，和「鹿」沒有關係，且其台語發音要唸成「Sua-lak」，而不是「Sua-lok」。這個地名念得道地與否，能一窺台語程度。

隨著農業開發，更多動物登場，而數量最多的是「牛」，全台共有574個和牛有關的聚落地名，包括靜態的水牛厝、牛欄、牛稠（牛舍、牛寮之意）、牛埔仔、

牛埤等地名，也包括畫面鮮明的牛相鬥、牛相觸、牛吃水等地名。牛的地名並不限於中南部，當年外公工廠開在目前台北的中山北路二段和錦州街一帶，到「牛埔仔」（Gû-poo-á）外公家吃拜拜，是兒時的年度盛事。

除了牛之外，羊也是常見的動物地名，但羊並非傳統農耕所使用的動力，多屬畜牧性質，「羊稠」地名多分布在中南部。眾多的「羊稠」顯示原來台灣人喝羊奶、吃羊肉的歷史由來已久。

林和竹，顯示早年聚落景觀

茂密的植物構成早年台灣鬱鬱蒼蒼的景觀。從內政部地名資料庫，查詢和植物有關的地名用字，最多的是林（1062筆），如林口、樹林、竹林、柴林、二林……，其中雖然有些和植物無關，如林厝、林屋等，但整體而言「林」字地名分布顯示台灣的翠綠。

若以個別物種而言，竹（994筆）的地名數量最多，而「竹圍」一名更是台灣排名第一的聚落名稱，包括竹圍仔（94個）、大竹圍（38個）、竹圍（28個）、竹圍子（26個）、下竹圍（21個）等，共有318筆，廣泛分布於從北到南的平原地帶。竹圍地名顯示，早年許多三合院或小聚落，常種植茂密的竹子以做為保護，既可以防範外人侵入，也可以抵抗強風。一個守護家園的竹圍，顯示先人篳路

藍縷的開發艱辛。

植物排名第二的是「茄苳」，台語唸作「ka-tang」。屏東有個茄苳鄉，而彰化花壇鄉原名也是「茄苳腳」，遍佈全台的茄苳林、茄苳腳、下茄苳、茄苳坑、茄苳寮等地名，反映茄苳是非常普遍的樹種。茄苳為熱帶樹種，生長快速、體型龐大，很容易成為聚落中的顯著地標。傳統聚落通常有間主廟，廟口則有三兩棵老樹，民眾在樹下聊天、下棋，是台灣特有的聚落景觀。一棵棵古老的茄苳樹，陪伴過世世代代的居民。看完最常見的幾個動植物地名，會不會好奇台灣常見的動植物地名還有哪些？經過特別查證，我發現12生肖的動物在台灣都有對應的地名。除了牛之外，排行第二的熱門地名是「龍」（392筆），馬次之（291筆），最少的鼠也有6筆。在植物部份，排在茄（191）和苳（131）之後，前幾名還包括椰（103）、麻（154）、蘭（152）、柑（115）、樟（77）、檳（58）、莿（45）、桐（45）等，顯示這些植物在台灣的普遍程度。

許多早年地名逐漸消失，現在的捷運或公車站牌常以地標或道路為名。早年的動物植物地名，顯現當年台灣景觀和生活，也見證台灣開發歷程。

地名，不只是位置的指標，還是地理、歷史、文化的印記。

野柳，讓想像成真的白日夢之地

蓋瑞
規矩遊走於地質與藝文之間的旅人，《Geostory聽聽地球怎麼說》科普平台共同創辦人之一，沉醉於探索地球科學的本質。現居清幽的山區小鎮，不斷以書寫向外界傳遞科普知識。

浪潮襲來拍打石岸，海水再循著石縫穿梭流轉，部分濺起的浪花在綻放片刻後又被吞噬回汪洋之中。位於北海岸野柳的夏季，少了樹蔭遮蔽，溽暑僅有海風吹拂、或偶爾被浪花噴濺時，方能感受到些許清爽。

提到野柳，大家肯定馬上想到著名地標「女王頭」。其實論成因，女王頭與其周圍外形如香菇的「蕈狀岩」完全相同，但因為它的外觀神似高貴優雅的女王頭像，在1960年代其意象被揭示在攝影展後，女王頭就這樣深植眾人心中，成為野柳、甚至台灣最重要的觀光地景。

想一睹女王頭的風采，已經不如過往自由自在。女王頭這類蕈狀岩的頭大而頸細長，是因為頸部岩石較頭部脆弱，岩石受海風與浪花長期差異侵蝕後所形成，為北海岸常見的自然現象。但因為女王頭過於出名，幾十年來絡繹不絕的遊客在每次觸摸時，都會對岩石造成極輕微的侵蝕，久而久之受到天然與人為侵蝕作用的夾殺下，女王頭頸部快速消耗，已被專家學者警告有「斷頭」的危險。為了保存野柳的重要地標，管理單位設置了木棧道限制遊客的行進動線，女王頭周圍更排放一圈石塊作為界線、阻絕遊客進入。現在遊客前來必須先在木棧道上耐心排隊，才能與女王頭在保持一定的距離下合照。

對我而言，看女王頭並不是來野柳最必要的行程，因為了解這裡岩石與自然作用的本質後，會發現女王頭與這裡其他岩石的成因並無不同；或者從另一種觀點來看，野柳的每一塊岩石外觀都非常特別，與女王頭不分軒輊。因此每當來野柳，我反而會刻意越過大排長龍等待拍照的人群，走到不遠處蹲下、

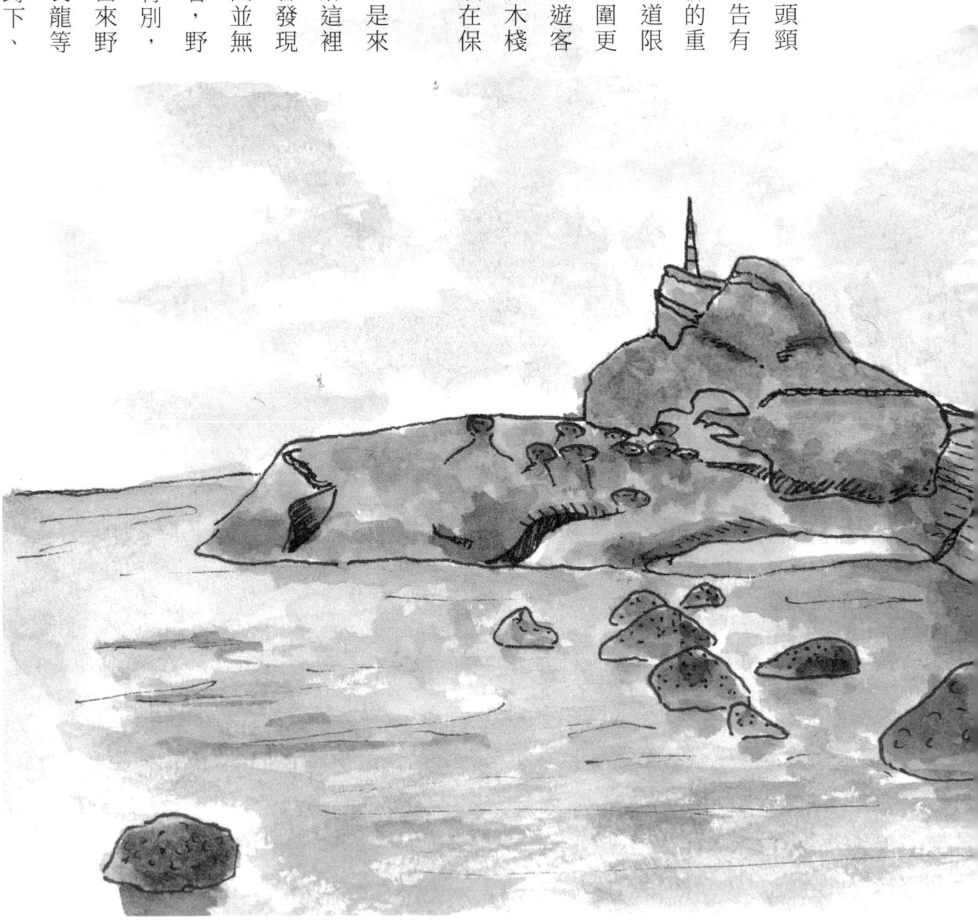

興味盎然的注視著地面與旁邊的石柱，希望能騙到一些目光好讓他們發現，野柳其實有更多比女王頭有趣的東西。

生物痕跡，讓砂成為石

細心探究黃褐色的岩面，可以見到地表與每一塊突起的石柱上布滿各種幾何形狀的紋路，有的為圓點、有的呈細長橢圓、更常見不規則分岔如突起血管者，這些其實是「生痕化石」，也就是生物生活的痕跡所形成的化石。

野柳的岩石主要為砂岩，在成岩之前這些岩石曾為海岸鬆散的砂，但生物在攝食、築巢、排泄等過程分泌出的體液，會把周圍的砂膠結起來，因而較能抵抗自然界的侵蝕作用，成為化石；再加上海灘上的生物有很多種，每種生物的生活習性又不同，因而能創造出各式各樣形狀的生痕化石。

目前已知，曾在這片海域生活的生物之一是「沙錢海膽」，在野柳海岬的岩面上，到處都能看到它們扁平紅褐色的遺骸散布。這些海膽化石表面都有五瓣如星星或花朵般的紋路，因此我總誤以為野柳其實是流星的集散地。

這些化石，無論是生物殼體、或是生物生活的痕跡，都扮演著比裝飾岩石紋理更為重要的角色。除了剛剛說的生痕化石，因為生物體液膠結砂粒產生抗侵蝕的作用，生物的殼體也具有固結砂粒的功能：

野柳海岸的燭台石（左）與蕈石（右）。

生物殼體因富含碳酸鈣，在成岩過程中會部分溶解、再結晶時又將周遭的砂固結成堅硬的岩體，稱為「結核」。也就是說，生物遺痕與遺骸共同成為砂岩的「鋼筋水泥」，讓固結成核的岩石挺過了往後長期不斷的侵蝕作用，膠結不顯著的部分則隨時間持續剝落，差異侵蝕下才形成現在所見的奇岩怪石。

三分形象，七分想像

在野柳，大自然的侵蝕力作用在軟硬不一的岩石上，首先雕塑出的是蕈狀岩等地景，但更有趣的地方，在於觀者投射種種想像到岩石上，所產生具生命力的意象，這一實一虛的交疊，增添了野柳景觀的深度。

走入這裡，除了蕈狀岩及其中特別突出的女王頭可欣賞外，還有如皺縮乾薑般的薑石、如風中燭台般的燭台石、切劃方整的豆腐岩，甚至還有仙女鞋、地球石、俏皮公主、鱷魚石、駱駝岩等等趣味且著名的地景。

但其實，對每一塊岩石、或是岩石之間的相對位置變化所投注的想像，與他人的想像產生共鳴時，或許有機會為野柳再創造出新的意象。野柳海岬上這些不會移動的岩石，因想像而產生變化與互動，說來實在非常奇妙。若說台灣有什麼地方具有讓想像成真的魔力，我想野柳應該就是那一塊 La La Land（白日夢之地）吧！

進入水梨季的日常

「老闆娘，六份蛋餅兩個加辣，還要六杯豆漿。」

「剪梨子啊？這麼早。」

「早一點才不會熱，下午若下雨就有量做包裝啦。」

時間還不到早上5點半，而上一個買點心的人不到5點就來報到，已經剪了兩台車回家，填飽肚子後再繼續勤奮。現在是梨子的季節，水梨季的日常，大茅埔村民的生活，東勢區的縮影。

轟隆隆，轟隆隆，搬運機、發財車穿梭在巷弄街道之間，有的剛卸下一籠籠的水梨，載著空籠回園裡繼續採收；有的車斗裝載著滿滿一整年來的心血，要回到包裝場

中文系所畢業，自家果園的菜鳥管理員，同時也是大茅埔調查團團員，喜歡摸遊樂器搖桿和小酌一杯，希望能將所學所做所好，轉化成對在地的貢獻。

卸貨，在這兩地之間不停地來回往返。此情此景大概從5月中旬後拉開序幕，接著進入7月一路直奔至8月，呈現逐漸增溫的景象，整個大茅埔庄不停地活動著。

工人在7點半前陸續就定位開工，包裝材料行的貨車四處奔走，便當小吃部正為當日的訂單備料，外送員也隨時待命，物流貨運更是馬不停蹄消化各家的成品。各司其職各盡其責，確保水梨季順利流暢。而不在上述職責者呢？只需要吃就好了，瑕疵品、次級品、那些不耐久藏無法上市，現吃卻最美味的水梨，便是回饋鄰里的最佳選擇。食用這種成熟度高的梨子，是第一線工作人員的權力，也是地方親友的福利。

每年水梨季的日常，在今年起了一個小漣漪，那就是「大茅埔調查團」駐點在庄內，除了向外地遊客導覽庄內的文化、信仰，也依照每個時節介紹不同景象。記得年初時，有一團恰好碰上村民正在嫁接梨穗，直接就地取材展現嫁接技術；4～5月的團則看到梨子套袋的過程，套袋角度和方向都是經驗累積而來；進入7月之後的團，就直接來見識採收的盛況。

每一次每一場的導覽無非是讓外地客認識大茅埔，了解高接梨生產的過程。我的朋友曾來體驗水梨採收、包裝的流程，最後他捧著梨子，表示一定會以充滿感謝的心好好品嘗水梨，畢竟這一切得來不易。

沿著200年前規劃的水圳系統，清澈的水流動著，灌溉大茅埔的每一塊田地。村民居住在這塊土地上，早已對這些農務習以為常，是生活，是日常，是一種習慣，就只是個水梨的季節啊。但漣漪會擴大，調查團進駐所產生的擾動已經被看見，接下來就是村民為這日常加點變化了！

再次甦醒的碾米機爺爺

去年暑假，台南的陽光把土地晒的發燙，青年們在一間混拼式老屋走進走出，敲敲打打。位在老房斜對面，店名３６９的雜貨店老闆，忍不住好奇、走進來劈頭問：「啊你們整天敲敲打打、搬進搬出，到底要做什麼啊？」

我回答：「忠政伯，我們要把這間碾米廠再改造一下，不然閒置下來很可惜，看厝內這台碾米機這麼漂亮啊！」忠政伯閒聊幾句後，看似疑惑的走出屋外，我心想，阿伯該不會是怕我們要開店，搶了他的生意吧？

１９３０年，耗時十個年頭建造的烏山頭水庫啟用，被迫遷村的

林建叡

老家高雄，現居台南官田的大崎里，是第二故鄉也是創業基地。台南藝術大學建築藝術研究所畢業，熏習建築十餘年，畢業後與太太羅婉慈走了一條在地創生路，現為「藝農號」文創冰店共同負責人。

居民，一部分落腳到日治時期稱為官田庄的大崎，其實離淹沒的原鄉不遠，僅一丘之隔，卻是從拓荒開始一磚一瓦建造新家園，可想而知那段艱辛。當時村子的產業一大部分是種稻看天田，山下嘉南里的商人，嗅到了商機與需求，到村裡的主道邊開設了一間小型的碾米廠，輾轉易主給本村人經營，並取名為「豐茂碾米廠」。

當時光來到2009年，當時台南藝術大學建築藝術研究所的師生，一同與大崎居民運用少許資源，將已閒置三、四十年的碾米廠保護起來，並作為社區與校園之間互動交流的特色客廳，那時還有個熱血的名稱「MIGA藝文空間」。

直到今年的4月15日，藝農號開張了，雖然我跟太太已經待在村裡好幾年，也自認是大崎人，但過去從學生身分投入社造到留鄉創業，開設一間展售冰店，心理難免擔憂在地人的觀感。

「你想太多了」我太太說。

其實，因為有這樣的疑慮，開張當天沒有特別大力宣傳，有趣的是，那天里長阿海哥哥、隔壁的鄭大哥、在地職人月香阿嬤、胖農夫郁甄姊、文史工作者敏羣老師等等，陸續送來了超台味的鳳梨彩球、美麗蘭花盆等等，讓本來想低調開張的門面，瞬間顯得有些澎湃。好吧，大方一點，這是我們在村落開的特色小店，店名是「藝農號」！

空間只是載體，但承載了許多人代代的痕跡。

1930年代至今，從「豐茂」、「MIGA」至剛開張的「藝農號」，碾米機爺爺持續守護著，經歷90年的空間故事也將持續書寫著。

一間翻轉特產行的商號

說起「金門特產」，很多人想到的是高粱酒、菜刀、貢糖、麵線。可是，除了這些，難道金門沒有其他具有地方特色的東西了嗎？

最近，金門有群人正在進行一項翻轉金門傳統特產行印象的行動，計劃名稱「村復號」。「村復」是村落復興的意思，「號」則是金門許多傳統商家習慣的命名，意指商號。與其他特產行不同的地方在於，村復號應該可以說是金門唯一一家沒有賣高粱酒、菜刀、貢糖和麵線的特產行。不過相對的，可以在村復號看到其他帶有金門特色的產品。

許玲瑄

土生土長的金門人，跟許多金門人的歷程一樣，18歲復台求學後，才慢慢發現自己的家鄉有多麼特別，於是又回過頭重新認識金門。目前在當地的後浦泡茶間實習中。

為何說是翻轉特產行的行動呢？其實金門近年無論是個人品牌、地方團隊或協會、公部門與地方社區，都陸續推出許多特別的新產品，許多新的創意與變化在地方發生著。比如小農自製的「高粱米酸高麗菜」，將金門常見的「高粱酸白菜」進行改良，用性溫和的高麗菜取代白菜的生冷，並撒入高粱米穀物，創造新的口感；「後浦老街花布餐具袋」則是由地方青年文化團隊研發設計，在探訪老城區內由盛轉衰的布莊後，將店內閒置的全新舊花布再製成餐具袋，推廣地方歷史與環保兼具的日常用品；此外，還有「古崗社區」的社區新興產業蜂蜜和養蜂體驗行程、金門縣水產試驗所的友善環境海帶養殖加工品等等……

不過這些豐富的新產品，卻散落在金門各處，產品研發者們雖然躍躍欲試，卻也經常處於「校長兼撞鐘」狀態，從產品研發、生產到行銷都得靠自己，礙於資源和精力有限的原因，對推廣產品上架和行銷感到吃力；而在消費者端，很多好東西連本地人都不知道，更不用說來到金門的外地人，只能像個來到地方探險的挖寶者一樣，靠運氣隨機觸發這些產品。

村復號團隊正是因為看到上述現象，因而開啟這一場實驗——希望藉由推廣金門這些四散各地、被傳統特產行遺落、卻富有地方風土或人文歷史特色的產品，達到「村落復興」的目標。

這場行動才剛剛開始，卻已在地方掀起漣漪。雖然村復號還在進行上架、裝潢的試營運期間，但很多進到店裡的人，看到琳瑯滿目的產品還是會忍不住感嘆：原來金門還有這個好東西？而關注金門地方發展的人們也都引頸期盼著，希望村復號能讓更多人看見金門豐富的地方物產，並透過這些特色產品或體驗行程，看見金門更豐富、立體的文化。

圖片提供：積地工作室

踅蘇澳，洗磺水

今年夏天推出「蘇澳踅磺水：公共藝術計畫」，預計在蘇澳火車站附近的冷泉公園和阿里史冷泉區周邊，展示一系列公共藝術作品。計畫以當地民眾早期常用的詞彙「洗磺水」(sé hông-chúi)，轉為相似音「踅磺水(seh hông-chúi)」做為策展主題，希望帶出來蘇澳又洗又逛的意象。

公共藝術計畫通常是在有限的時間內，在一處公共空間裡，由藝術家進行創作，最後或暫時性或永久性的將作品放置在當地。其中作品公共性和藝術性的比重，經常成為討論的焦點。

面對九件藝術性偏多的公共藝術作品即將座落在蘇澳，多數的民

鄭雅婕

2017年進駐南方澳展開「在南方澳的海味生活」計畫，一邊在漁村做田野調查，一邊書寫漁村見聞；舉辦認識漁業、漁工的導覽活動。2019年和蘇澳青年共創「蘇澳KPI」，關心地方創生。

圖片提供：積地工作室

眾搖頭說藝術他們不懂，但覺得「台北來的藝術家應該很厲害」；有的人則是犀利地問藝術能不能帶來錢潮；有的人認為公共藝術治標不治本，做好冷泉建設和提升水質，才是振興地方和帶動觀光的關鍵；有的人樂觀其成，覺得辦活動活絡地方總是好事。

我和蘇澳的青年夥伴投入裡頭的「民眾參與計畫」，為了擴大民眾對於公共藝術的認識，我們策畫了一系列工作坊，邀請居民也來當藝術家創作。結果長至70餘歲的長輩、少至13歲的學生，大約15位左右的居民報名參與。

有位阿姨參加工作坊，從不遮掩她對冷泉的厭惡，事實是她對冷泉有多討厭就有多熱愛。不擅長畫畫的她後來透過課程的引導，把自身對於冷泉的回憶和願景都畫了出來，完成後她直說很滿足、有成就感。

於此同時，「台北來的藝術家」如火如荼的進展他們的作品，透過各機關單位號召民眾一起來抹肥皂刷石子，大家集體勞動後留下一顆顆乾淨的石頭，藝術家因此獲得了創作素材，也完成民眾參與的KPI。

什麼是「藝術」？「藝術家」是誰？「民眾參與」了什麼？產生什麼「公共性」？經常是一個名詞各種表述，怎麼定義，怎麼操作，沒有人能概括論定。

我們透過「蘇澳荳礦水」的工作坊，掘發出民眾藝術家和他們的創作，一次次捲動民眾參與的熱度和深度，期待實驗出可與其他藝術家對話的形式。成效如何，有待各位看倌夏天來蘇澳又洗又逛才知一二了。

有巴基魯味道的夏天

楊富民

從未離開花蓮豐田村，自稱蝸居在這塊土地、長達28年的在地青年。現任職於社團法人花蓮縣牛犁社區交流協會，以新視野從事社區改造、記錄等工作項目。

夏天的確是到了。

村子裡阿嬤們騎著電動車，明明已不能下田，卻還「全副武裝」的戴上斗笠，穿上如同小上衣般的袖套，腳穿絲襪配拖鞋；不用刺眼的陽光與灼熱的溫度、吵鬧的蟬聲與哈著氣的狗，瞧她們如此「盛裝打扮」，誰都知道夏天來了。

豐田夏日的景象，除了這些長輩的防曬景觀外，還有村子滿地的爛果——麵包樹的果實「巴基魯」。成熟後肥大到掛不了樹頭，風一吹或稍微地晃動，便一顆顆砸在柏油路上，癱軟成爛泥，蒼蠅隨時撲擁而上。午後的柏油路面溫度可能高達六、七十度，沒一會就可以聞到「巴基魯」燜

熟發酵的味道。一開始稱不上清香，但過會絕對變成一股臭味。

每到夏天，各家的婆婆媽媽們便開始蠢蠢欲動，她們注意家屋前、野外、路邊的麵包樹，盯著「巴基魯」，一個個等待它成熟，在它「空襲」豐田的柏油路面前，喚著家裡的男人架著梯子，或拿著長竿將它打下來。女人們便拿著布棚在底下慌亂的接住，被砸實了恐怕會暈上好一會，但是大家樂此不疲。

麵包樹的果實在阿美族語裡稱「巴基魯」，阿美族的家庭喜歡加上小魚乾與排骨熬成湯，除了果皮之外，果肉到果核都可以吃。果肉剝開，內裡是有著硬殼的果核，再咬開硬殼，味道嘗起來像花生；蘸著湯汁配上小魚乾的鮮味與排骨的湯底，泡飯或單喝湯，一顆肥大的麵包果，就能餵飽一個家庭的晚餐。

豐田這裡的「巴基魯」，大多有百年以上的歷史。最早來到豐田建村的日本人，他們在建村時農地還未整頓好，沒有辦法那麼快產出作物，日本政府便讓村民們一起種麵包樹。別小看麵包樹，一年它可以結上近２００顆的「巴基魯」；一顆果實如果能吃上一餐，一年就可省下近２００餐的糧食！當時的日本居民們家家戶戶都種上一兩棵，成為他們移民台灣初期最好的「糧倉」。

百年以後，曾有日本人回到豐田看自己的麵包樹，也有麵包樹不敵歲月傾頹。但那天看見街上的孩子騎著單車嬉戲，沒看路而撞上砸在路面上的「巴基魯」，摔了好大一跤。大家看那孩子自己爬了起來，才發現：「唉唷！有麵包果了。」

地味手帖【01】

地方個性

——創造地域生活感的人與事

主編 —————— 董淨瑋
封面設計 —————— 廖韡
內頁設計 —————— D-3 Design

社長 —————— 郭重興
發行人 —————— 曾大福
出版 —————— 裏路文化有限公司
發行 —————— 遠足文化事業股份有限公司
地址 —————— 新北市新店區民權路108-3號8樓
電話 —————— 02-2218-1417
傳真 —————— 02-2218-8057
Email —————— service@bookrep.com.tw
客服專線 —————— 0800-221-029

法律顧問 —————— 華洋國際專利商標事務所 蘇文生律師
印刷 —————— 凱林彩印股份有限公司
初版 —————— 2020年8月
初版二刷 —————— 2020年12月
初版三刷 —————— 2023年2月
定價 —————— 350元
Printed in Taiwan

地方個性：創造地域生活感的人與事 / 董淨瑋主編. -- 初版. --
新北市：裏路文化出版：遠足發行, 2020.08
面； 公分. -- (地味手帖)
ISBN 978-986-98980-1-0(平裝)
1. 產業政策 2. 區域開發 3. 創意 4. 臺灣
552.33 109010091